让沟通直抵人心
的六条路径

志晶◎著

天津出版传媒集团
天津古籍出版社
天津教育出版社

图书在版编目(CIP)数据

让沟通直抵人心的六条路径/志晶著.—天津:
天津古籍出版社:天津教育出版社,2019.11
　　ISBN 978-7-5528-0893-3

Ⅰ.①让… Ⅱ.①志… Ⅲ.①人际关系学-通俗读物
Ⅳ.①C912.1-49

中国版本图书馆CIP数据核字(2019)第252404号

让沟通直抵人心的六条路径
RANG GOUTONG ZHIDI RENXIN DE LIUTIAO LUJING

志晶/著
出版人/张玮

天津古籍出版社出版
(天津市西康路35号　邮编300051)
http://www.tjabc.net

天津旭非印刷有限公司
全国新华书店发行
开本880毫米×1230毫米 1/32　印张8
2019年11月第1版　2021年12月第2次印刷
ISBN 978-7-5528-0893-3　　定价:42.80元

人际沟通时，尽量去了解对方的想法，设身处地为对方着想，挖掘对方行为背后的深层原因，更有利于实现高效沟通。

前言

会沟通的人赢得精彩人生

哲学家帕斯卡尔曾说过:"人类像芦苇般脆弱,然而经历数千年,这群脆柔的人类却能创建文化,而异于其他动物。其所以如此,系因人类懂得相互合作的重要性。"我们所有人都知道相互合作的重要性,但在这里有一个必不可少的前提——彼此之间建立良好的关系。而要建立良好的关系,则必然离不开沟通。

黄执中被称为"辩论之神",他在《奇葩说》节目中曾说过:"人生的困扰,十之八九都出在人际关系上;而人际关系的困扰,十之八九都是因沟通出了问题。"由此可见,沟通是一件关乎我们所有人的事情,同时它也关乎我们每个人的幸福体验。

细心观察生活我们便会发现,那些深谙说话艺术的人,在日常沟通中很轻易就能让自己的话语直抵人心,这样的人,一旦开口说话就能赢得人心。

这样的本领所有人都羡慕，但我们也不必妄自菲薄，只要我们肯努力、肯练习，终有一天也会和他们一样，开口就能让自己的话语直抵对方的内心。

说话是一门艺术，而艺术大都来源于我们的生活。无论是在历史还是在现实生活中，随处都可以见到一些沟通的高手。例如下面这个例子中的手艺人杨巴，无疑就是一个沟通的高手。

天津有个卖茶汤的手艺人叫杨巴，他的茶汤手艺远近闻名。李鸿章去天津巡查的时候，杨巴奉命为其奉上一碗地道的天津茶汤。没想到，李鸿章看了一眼茶汤便眉头紧皱，怒气上涌，挥手将茶汤碗掀翻。满座人员被吓得大气不敢喘。为什么呢？原来李鸿章之前从未喝过茶汤，误以为漂浮在汤水上的芝麻碎末是脏东西。

怎么办？手艺人杨巴脑筋一转，一边连呼"中堂大人息怒"，一边言称："小人不知中堂大人不爱吃压碎的芝麻粒，惹恼了大人。请大人不记小人过，饶了小人这次，今后一定痛改前非。"至此，李鸿章才知道茶汤上的那些黄渣子并非脏物而是碎芝麻。

从这个例子我们就可以看出，这杨巴是一个非常聪明的人，善于分析对方的内心，精确找到了李鸿章生气的原因。根据这个原因杨巴主动将错误揽在自己身上，在保全了李鸿章脸面的同时，不但保全了自己的生意，最终还得到了重赏。

冯骥才在《俗世奇人》中记录的这个故事告诉我们，会说话有多么重要，会说话在关键时刻甚至可以保全我们的性命。因此，要让自己的人生更加光辉灿烂，我们就必须刻意提升自己说话的水平。一个会说话的人，运气往往都不会太差；而一个不会说话的人，则总是得罪人却不自知，莫名其妙地吃尽哑巴亏。

那么到底该如何提升自己说话的水平，让沟通直抵人心呢？我们不妨沿着本书提供的六条路径，于不断的思考和学习中，掌握人际沟通的艺术，练就出色的口才。

在日常工作和生活中，我们不但要把话说得好听，还要把话说到对方的心里。借助本书提出的六条沟通路径，我们完全可以打造出独属于自己的良好人际关系。

C目录
ontents

PART 1
好的沟通，从好的故事开始

会沟通就是会讲故事 _ 002

故事思维，让你瞬间走进他人的内心 _ 008

将对方请到你的故事里 _ 014

以不影响的姿态去影响 _ 020

要真实性还是戏剧性 _ 026

好的故事必然引起共情 _ 032

人人听得懂才是好故事 _ 037

PART 2
共鸣，开启一切良好关系的基础

真诚，引发共鸣的基石 _ 044

多用"我们"，少用"我" _ 050

接受冲突，创建和谐的沟通环境 _ 055

平等对话，赢得信任的利器 _ 061

热情，最简单的高明 _ 067

赞美别人的话可以赢得"好感" _ 072

PART 3
吸引注意力，让沟通的天平倾向你

先声夺人，用好声音抓住对方的耳朵 _ 078

满足对方需求才能满足自己 _ 084

设置悬念，让对方跟着你的思维走 _ 090

借助"心理错觉"，抓住对方的喜好 _ 096

承诺一致，激发他人的主动性 _ 101

利用从众效应，让对方认同你 _ 106

取悦于人，沟通才能得心应手 _ 111

PART 4
用联想不动声色地影响他人

抓住需求点,让沟通直抵人心 _ 120

语言的力量,用语言引导对方的思想 _ 125

正确的措辞比观点本身更重要 _ 132

善用比喻,鲜活的形象才能打动人心 _ 139

重复:强化你最想让对方感知的内容 _ 145

察言观色,通过细节看透对方的意图 _ 150

心存善意,让对方主动做出改变 _ 155

PART 5
逻辑说服力,有条理、有层次地说服人

先说服自己,再说服别人 _ 162

想钓鱼,就要像鱼一样思考 _ 167

最巧妙的说服,是引导对方说出你想要的结果 _ 172

说服有道,摸清对方心思是前提 _ 178

得寸了,不要想着一直进尺 _ 184

与原则无关的事不妨退后一步 _ 190

互惠互利,让沟通更加和谐 _ 195

PART 6
让沟通更有黏性

打破常规,意外带来的沟通黏着力 _ 202

给语言"瘦身",复杂的事情简单说 _ 209

大白话不高级?记住才是关键 _ 214

高效沟通源自真诚的态度 _ 219

用暗示主动引领沟通的方向 _ 224

别话痨,言多必失 _ 230

利用"场合效应"提升沟通效果 _ 235

PART 1

好的沟通，从好的故事开始

有一点是毋庸置疑的——讲故事永远胜于讲道理。

一个富有真情实感、具有说服力的故事，比任何事实都有力量。

会沟通就是会讲故事

讲故事是效果奇佳且便宜的沟通方式,于和风细雨似的讲述中,打动人心,真正走进听者的心中,达到润物细无声的目的。

现实生活中,我们每天都要面对形形色色的沟通问题,无论是处理亲子关系,还是同事合作问题,又或是上下级之间的沟通问题,等等,都需要我们耗费极大的精力。

在解决这些沟通问题的过程中,你会发现有时候明明自己有着良好的动机,却收获不到想要的沟通效果。导致这样结果的原因是,你没有掌握正确的沟通方法。对于沟通高手来说,他们认为讲故事就是一种效果奇佳且便宜的沟通方式。

为什么沟通高手都认为讲故事是一种效果奇佳且便宜的沟通方式呢?这是因为故事是人类最早使用的具有影响力的沟通工具。无论是宗教神话,还是寓言,都是以故事为主体承载思想的,这种形式有利于传播,同时也有利于接收者理解。要知道,喜欢听故事是我们人类的本性。

PART 1
好的沟通，从好的故事开始

一个好的故事可以瞬间打动人心，让沟通者真正走入听者的内心。在人际沟通中，一个好的故事可以快速将信息传达者的内在情感和精神传递给对方，于和风细雨中跨越沟通障碍，引发与听者的情感共鸣，进而打动人心，建立深入的联结。在这样的前提下，沟通会更加高效。

一个好的故事还可以让人们于快乐中收获知识。认知科学研究表明，人类大脑的原始设定并不适合理解逻辑方面的东西，相反却适合理解故事。同时，关于知识的学习研究还表明，人的知识主要来源于自我体验、理解和顿悟三个层面。

其中自我体验是最直观也是最高效的获取知识的方式，相较于怠怠的认知系统，通过自我体验获得知识无疑是最为形象且直观的。

在这里，我们可以通过一个生动的案例来理解故事是如何让我们在体验中快速获得知识的。

整个下午，戈尔都把自己关在书房里，怎么也想不出这条狗的目标究竟是什么。于是，他来到小花园里透透气，正好看见自己的四个孩子在一起嬉戏打闹，玩得很快乐。突然，他灵光一闪，觉得狗的目标有了！于是，戈尔再一次把狗送到朋友那里，驯狗师马上就对这只狗开始进行训练。不久，一条训练有素的狗出现在戈尔家，它不光成了孩子们最忠实的玩伴和朋友，晚上还肩负起了看家护院的职责——这就是戈尔为自己的狗确定的目标。瞧，狗有了目标后才能成为一只好狗，人自然就更不用说了。人活一辈子，不能没有目标，特别是年轻时，订立自己的目标并为之而奋斗是头等大事。

在这个案例中，作家毕淑敏巧妙地从动物的目标过渡到人的目标，从为狗设立目标的重要性写到为人设立目标的重要性。我们在读的过程中不知不觉就知道了设立目标有多重要。

用讲故事的方式去沟通，可以让沟通者获得参与感。例如，我们在听历史故事的时候，总是会不由自主地将自己代入故事之中。这种不由自主地自我代入其实就是我们主动地参与了故事，而这种参与极易引发情感上的共鸣。

同时，好的故事还可以引起人的好奇心，令人产生无限遐想，并最终引起情感上的共鸣。故事性的广告为什么很容易成功？就是因为广告里的故事很容易将动人的画面摆在观众面前，引发观众的想象，进而向其传递一种无声的感动。

在日常生活中，每当有销售人员向我们"详细"地讲解

PART 1
好的沟通，从好的故事开始

某件产品相关的细节时，你会认真地听完这些讲解吗？大多数时候，我们的表现都是无精打采的，只有在讲解最为重要的部分时才会提起一些精神。倘若销售人员在讲解的时候讲述的是"从前，有个人……"之类的故事，那么你还会昏昏欲睡吗？这就是故事的"威力"，看似没有什么太大的作用，但当你真正去使用的时候就知道用故事沟通的魅力了。

正是因为故事具有如此大的魅力，所以那些沟通高手都喜欢用讲故事的方式去沟通，同时这种方式也越来越被人们所接受和喜欢。

用讲故事的方式去沟通，即使面对复杂的沟通环境也能让沟通更为和谐。例如下面这个例子中老师与学生之间的沟通。

李老师所带班级的学生大都是独生子女，他们从小被娇生惯养，很多独生子女身上所具有的一些坏毛病，这些学生多多少少都会有。最近，一些学生家长向李老师反映，自己的孩子在家里不服从管教，还极喜欢以对抗的态度对待父母。与家长深入沟通之后，李老师发现，家长在与孩子沟通的过程中基本上全都是站在权威的立场上用说教的方式进行。了解到这种情况，李老师反其道而行之，在班会课上给学生讲了一个故事：

在我国青海省的一个沙漠地区，极度缺水，日常用水都需要军队从很远的地方运来。面对这样缺水的情况，当地人长期实行限水令——包括日常饮用、洗漱、洗衣做饭，每人每天限定用水三千克。人离不开水，动物也一样。但动物的饮水量亦包括在这个用水量内。有一天，一头在人们心目中一向憨厚的老牛，却以不可思议的力量强行将沙漠中唯一的运水车拦了下来。无论人们如何驱赶，甚至老牛的背脊都被主人打得鲜血直流，它仍旧立在运水车前一动也不动。围在运水车周围的人心里极为难受，最后，一名押送运水车的战士实在无法忍受老牛那渴求的双眸，用水桶取出了三千克水，放在老牛面前。然而这头老牛并没有扑上去大口狂饮，而是发出了一声哞叫。随着这声哞叫，一头小牛从沙丘后面跑出来，扑到水桶前贪婪地喝了起来。等小牛喝完，老牛疼爱地舔了舔小牛流出的泪水，随后没等主人吆喝，就带着小牛默默地离开了。

故事讲完之后，李老师给学生出了几道思考题：老牛为什么宁愿挨打也要得到水？小牛为什么落泪？周围的人为什么会心里难受？学生们静默地思考着。过了两周，李老师陆续接到家长们打来的电话，他们反映自己的孩子最近在家里懂事了不少，不仅不再顶撞家长，而且学习也主动了很多。

在这个例子里，李老师与学生沟通时，没有以权威的角色去说教学生，而是用一个生动的故事，形象地说明了父母对孩子深厚的爱，让学生在倾听故事的过程中产生情感共鸣，进而达到自我反省的目的。这样的沟通是一种心灵的沟通，最能触动学生内心柔软之处。

两千多年前的古希腊哲学家亚里士多德曾说："我们无法通过智力去影响别人，感情却能做到这一点。"知道了故事沟通的好处，我们就不妨试着在生活中多用讲故事的方式去与他人沟通，让我们所面对的沟通者参与到我们的沟通之中来，而不是让对方单方面地接收来自我们的语言信息。如此一来，我们的沟通就必定会收到神奇的效果。

故事思维,让你瞬间走进他人的内心

讲故事是一种能力,一种力量,更是一种手段。故事讲得好,可以让人更具魅力和影响力,同时也能让讲故事的人瞬间走入他人的内心。

大多数沟通高手都认为,讲故事是一种能力,一种力量,更是一种手段。故事讲得好,可以让人更具魅力和影响力,同时也能让讲故事的人瞬间走入他人内心,从而提升沟通的效果。

相比于讲故事,故事思维是一种更值得我们去关注以及学习的能力。那么到底什么是故事思维呢?简单地说,故事思维和"讲故事"是一样的形式,也是通过讲故事的方式去沟通,但区别在于,故事思维是从思维中对我们的语言进行故事化处理,将我们所要传达的信息从源头上进行故事性包装。

通过下面的这个例子,我们就可以看出一些故事思维对沟通的帮助。

部门新换了领导,第二天部门例行的晨会便临时改为了

PART 1
好的沟通，从好的故事开始

新领导见面会。新领导在做自我介绍的时候，为大家讲述了自己是如何从一名普通的打工仔成长为管理精英的成长史。在那充满艰辛以及奋斗的岁月里，他先后承受了女友的背弃、顾客刁难、同事排挤等苦难，这些苦难在他的讲述中一一地呈现在大家面前。

现场的员工无不为他的经历所感动。当听到他借自己所长，顶着压力成长起来，并成为一名出色的管理者时，大家不由得为他鼓掌，向他投去敬佩的目光。最后，新领导真诚地表示，苦难才是人生的成长催化剂，一个人越努力就会越幸福。他相信在今后的工作中，在座的每一位同事均会在不断努力中收获自己的幸福人生。

在听新领导讲话的过程中，从开始的陌生到后来的敬佩，再由敬佩到崇拜，员工的心情随着新领导所讲故事的情节而跌宕起伏，而就在这跌宕起伏中，新领导的形象就在大家的心目中逐渐变得亲切且高大起来。

不得不说，这位领导真的是一位沟通的高手，同时也是一位讲故事的高手。他以自己的成长经历为蓝本，然后对自己的背景进行故事性的处理，通过故事让员工了解他，也通过故事对大家寄以期许。

最重要的是,他在做自我介绍的过程中运用了故事思维,让大家卸下了对他的疏远与防备,对他产生了亲近感。由此可见,故事思维在人际沟通中的作用非常大。

那么到底什么是故事思维呢?所谓故事思维,简单地说就是讲故事,通过一种故事性的思维将信息包装成生动有趣的形式进行输出,从而让听者更容易接受自己的信息。

那么我们到底该如何运用故事思维,讲好一个故事,使之达成沟通的目的呢? 这就需要我们紧扣故事的框架,把握好以下四个要素:一是故事发生时的背景,二是激烈的矛盾冲突,三是生动的情节,四是引人深思的过渡内容与问题。

故事发生时的背景:简单地说就是故事发生时的环境。无论讲哪种类型的故事,背景都是必不可少的,不过背景可以在故事开始时交代,也可以融入故事开篇的内容中,交代的目的是帮助听者更加容易地理解故事的内容。

激烈的矛盾冲突:这是让一个故事吸引人的必不可少的要素,是故事展开的核心。缺少了它,一个故事就无法成立,更不可能吸引人,进而也无法推动情节的发展。

生动的情节:这是对讲故事者的细节处理和语言表达能力的考验。生动的故事情节可以吸引听者的注意力,引发听

PART 1
好的沟通，从好的故事开始

者的联想，激起听者倾听的兴趣，从而让沟通更加顺畅地进行下去。

引人深思的过渡性内容与问答：我们讲故事是为了传达我们的观点，倾吐我们的某种感情，而在故事中间，我们可以设置一些过渡性的语句或者在故事结束时通过一些问题来让故事更加深刻。这些过渡性的语句或结尾的问题可以让故事的整体节奏更加顺畅，同时可以促进听者去思考，使之明确讲故事的人讲故事的目的，提升沟通的效果。

下面的这个例子就可以向我们证明，过渡性的语句与问答对一个故事的促进作用。

某家长与孩子发生冲突后，给孩子讲了下面这个故事：

一个养鱼人养了一池塘鱼。随着鱼慢慢长大，池塘的空间显得太过狭小，不利于鱼的成长。于是养鱼人就想把鱼分一些到另一个池塘。在他下网时，一条鱼被网住了。这条鱼在网里拼命乱窜，最后卡在了网上的一个小孔里。鱼急于钻出去，努力地挣扎，结果越钻越紧，最后被网线卡死了。它不知道，养鱼人只是想给它换一个更有利于它生长的地方。它的误解却让自己丢掉了性命。

讲完故事后,这位家长问了孩子一个问题:那条鱼为什么会被卡死?接下来,这位家长又问孩子故事里的网代表什么。孩子经过思考之后明白了,网即生活中的规则与要求,尽管它的存在会令自己受限、不舒服,但却可以为自己的成长保驾护航,让自己更加自在地成长。

面对"渔网"的束缚,我们要学会思考,学会习惯它,而不是走向极端,拼个鱼死网破。孩子最终悟出故事中的道理,清楚了自己的问题所在,也接受了父亲的教育。

在这个例子中,家长所讲的故事,就具备故事框架的四个要素:养鱼人养了一池塘鱼是背景;卡在渔网上的鱼要挣脱渔网束缚是冲突;情节是发生在养鱼人分鱼的过程中;鱼由于过分挣扎被网线卡死,而"它的误解让自己丢掉了性命"则点明了故事的寓意。这就构成了一个生动的故事。

那么,我们到底该如何合理地运用故事思维,让故事在人际沟通中发挥应有的作用呢?这就要求我们在用讲故事的方式与他人沟通时注意以下几点。

首先要认真聆听,找准故事的切入点。在人际沟通中,面对比较健谈的沟通对象,我们要将更多讲话的机会让给对方,学会让自己静下心来,耐心聆听对方所说的内容,于聆听的过程中,留意其要表达的内容和主旨,获取与其相关的信息(比如对方当下的心情是否适合马上交流要沟通的问题,当下困扰对方的问题是什么,等等),进而发现问题症结所在,找到故事的切入点。

其次,要注意在故事讲述的过程中塑造画面感。要想用故事吸引听者,就要留给听者想象的空间,要真实可信,要打动听者的心灵。为此,在讲故事之前,讲故事者要如同写作一样,在脑海里提前构思好故事的画面,然后在讲述故事的过程中用形象生动的肢体语言向听者传递故事的感人性,要让对方感受到故事中人物内心的波澜起伏、喜怒哀乐,进而使之产生身临其境的感觉。只有这样,才能让听者从心理上接受讲故事者,认同他的观点,进而信任他,愿意与他沟通。

最后,不妨提前做好功课。所谓提前做好功课,就是要积累一定的素材,以便在不同的沟通环境下都能讲出生动的故事,为沟通服务。关于素材的积累,安妮特·西蒙斯在其作品《故事思维》一书中提醒我们,要围绕"我是谁""我为何而来""我的愿景""我知道你们在想什么"这几方面进行准备,从而确保无论身处怎样的环境,均可借故事轻松与他人进行沟通。

将对方请到你的故事里

在人际沟通中，我们要想通过故事说服他人，就需要用情感去打动对方。没有了情感的力量，多么高明的故事都会显得乏力；用情感的力量将对方请到你的故事里，沟通就会更加高效。

小李是某公司公关部的一名负责人。在公关部工作就需要小李在很多场合公开说话，不管是对内的部门会议，还是对外的组织宣传，他都要亲力亲为。为了与听众更好地互动，他不惜费时费力，搜寻素材，组织与各类主题相关的故事，以吸引听众，激发他们倾听的兴趣和热情。

不过令小李烦恼的是，由于他讲的故事总是那么平淡，每次开会就算他用尽心思去讲述，而且讲的时间也不长，与会者还是睡意连连，哈欠连天，不能与他产生共鸣。这样的情境让他相当尴尬。小李非常清楚一个好的故事对沟通的促进作用，他很想让自己的故事变得更有吸引力，如此一来他才能讲得开心，与会者也才会听得高兴。

PART 1
好的沟通,从好的故事开始

"情感如同肥沃的土地,道理好比种子,没有情感的沃土,道理的种子再好,也发不了芽。"在人际沟通中,我们要想说服对方,选择用故事去沟通无疑是最好的选择,但在这里我们也要记住:我们要将自己的情感融入故事之中。

缺乏了情感的力量,多么高明、多么动人的故事都无用武之地。因此运用讲故事这种沟通方式时,我们就要注意发挥情感的力量,以便达到以情动人的效果。

我记得我奋斗了整整两年,希望能在成绩上赶上我的同学,但是就像刚才吕植老师说的,尽管有些同学高考考得很好,但是北大精英人才太多了,你的前后左右可能都是智商极高的同学,也是各个省的状元或者第二名。

所以,在北大追赶同学是一个非常艰苦的过程,尽管我每天都要比别的同学多学一两个小时,但是到了大学二年级结束的时候,我的成绩依然排在班内最后几名。我非常勤奋又非常郁闷,也没有女生来爱我、安慰我。这导致的结果是,我在上大学三年级的时候得了一场重病,这个病叫传染性侵润肺结核。当时我就晕了过去,因为当时我正在读《红楼梦》,正好读到林黛玉因为得了肺结核吐血而亡的那一章,我还以为我的生命从此就要结束了。

后来北大医院的医生告诉我，现在这种病能够治好，但是需要在医院里住一年。我在医院里住了一年，苦闷了一年，读了很多书，还写了六百多首诗歌，可惜一首都没有发表过。从此以后我就跟写诗结下了缘，可是，虽然我有丰富的情感，但却没有优美的文笔，所以最终没能成为诗人。

我还跟当时并不太出名的诗人海子在一起写过诗。后来他写过一首优美的诗歌，叫作《面朝大海，春暖花开》，我们每一个同学大概都能背。当我听说他卧轨自杀了的时候，号啕大哭了整整一天。从此以后，我放下笔，再也不写诗了。

这是俞敏洪在北大所做演讲中的一段内容。在这段内容中，我们可以读到他的兴奋、苦闷、无奈和彷徨。字里行间的这些复杂的情感，借助于他的讲述传达给每一位听众，让听者无不与之共情，进而理解他当时的心绪，心灵受到触动。这正是故事内容融入自我情感的沟通效果。

由此可见，运用讲故事的沟通方式时我们要特别注意以情动人，要让听者产生参与感，触及听者的内心，唤起其共情能力，从而达到良好的沟通效果。

PART 1
好的沟通，从好的故事开始

什么是共情？心理学家罗杰斯告诉我们："共情是指体验他人内心世界的能力。"简单地说，共情就是将心比心，感同身受，能设身处地站在对方的角度去思考和体会对方的内心世界，理解和认同对方的内心感受。一个人的共情能力一旦被唤起，就可以理解他人的感情，尊重他人，关心他人，体谅他人，能与他人产生情感联系。

此时就是与其沟通的最佳时机。相反，倘若通过乏味地讲故事去与他人沟通，就无法达到以情动人的效果，也不能唤起对方的共情，那么沟通双方就不能产生情感共鸣，更无法形成相同的价值观，无法达成共识，最终导致沟通的效果差强人意。

那么我们该如何在讲故事时做到以情动人呢？我们可以运用情感的力量将对方请到你所讲的故事中。具体来说，操作方法如下。

首先，讲故事时，一定要把细节具体化。不妨在讲故事的过程中，运用听者可以理解的事实、特定的细节。比如你的故事里涉及洗发液，你就可以将其具体化到海飞丝、飘柔；涉及航空公司时，你就可以将其具体化到南航、东航、国航。

总之，你只有将细节具体化，才能让你的故事听上去真实且具体,如此一来,听者才能理解你所讲的故事,才更容易与你的情感保持一致。此外还要记得将故事的地点具体化。比如你所讲的故事发生在一家旅馆,那么你说在"如家酒店"就要比说在某个不知名的小旅馆好得多,因为这样会提供给听众具象化的想象基础,使他们能够更容易地投入到你所讲的故事中。

其次,要多用生活中的真实场景。多用生活中的真实场景,可以让你将故事讲得更好,因为那是你曾经经历过的,你讲的时候就会更加有声有色。加之所有的细节和你的生活密切相关,那么你讲述的时候就更会真情流露,更容易感染听者。

再次,要突破故事原型。或许某个故事你已经讲过数遍,那么请你千万不要试图回忆从前讲述的内容,而要将故事放在不同的时间段里,依据沟通对象和沟通目的进行长短适宜的处理和加工。切记不要逐句地记忆你的故事,也没有必要重复故事中的每个字。

最后,要用心地付出情感去讲述故事。故事有情节,情节一定要注意引发情感冲突,没有情感冲突的故事是无法吸引听众的。因此在讲故事时要用"情"去讲。马云、俞敏洪等人在讲故事时，不仅可以使听者潸然泪下，他们本人更是会泪流满面。这是因为他们是在用情讲故事，因此才能打动听者，引发听者的情感共鸣。

此外要注意的是，你讲故事的目的是为了与对方就某些事情进行沟通，因此千万要将讲故事的目的牢记于心，而不能单纯地为讲故事而讲故事。为此，要在讲故事的过程中生动地描绘和陈述自己的观点，要让你的故事与所要沟通的主题保持相关性，如此方能实现讲故事沟通的目的。

让沟通直抵人心的六条路径

以不影响的姿态去影响

用讲故事的形式与人沟通,能让对方产生兴趣,让其在无形中接受你的观点和想法。其实这就是以不影响的姿态去影响对方。

丁丁的朋友妙妙特别喜欢炒股。最近恰逢牛市,妙妙几次出手赚了一大笔钱,有了钱之后她就认为现在工作挣的钱不多,是一个累赘,想辞去工作专心炒股。丁丁知道了妙妙的想法后,想规劝妙妙,他就给妙妙讲了下面这个故事:

一个船长率船队到了美洲,见到了当地的印第安人。他发现那里有辽阔的土地,就想用自己船上的珠宝换当地人的土地。当地的印第安人从来没见过他带来的这些珠宝,被这些闪闪发光的珠宝所征服,就答应了他的请求。不过印第安人给出的条件是:骑着印第安人的马,让马随意驰骋,在天黑之前回来,马走过的土地就是船长的。船长一听,大喜,立刻上马,扬鞭催马不停地奔跑。

PART 1
好的沟通，从好的故事开始

他跑过一片土地说："哎呀，这块地太好了，可以种玉米。"又跑过另一块土地说："这块土地太好了，可以种稻子。"就这样，他越走越开心，甚至忘记了天黑前要回去。结果天黑下来后，他找不到回去的路了，只好骑着马不停地转圈，最后筋疲力尽，从马上摔下来，再也没有起来。当地人找到他后，为他挖了一个坑，将他就地埋了。牧师在替他做祈祷时说："上帝呀，一个人要多少土地呢？其实就是这个坑这么大呀！"

讲完故事后，丁丁看着妙妙，再没说什么。妙妙也没说什么，她回去想了几天，又重新回到自己的工作岗位。

在这个故事里，面对妙妙不理智的想法，丁丁不是给她讲道理，而是讲故事，借故事与其沟通，委婉地劝其放弃不理智的想法。

从沟通的角度来看，讲故事远比讲道理要有效得多。为什么呢？这是因为，一般来说，无论什么人，在人际沟通中，当对方开始讲道理时均会产生厌倦和抵触的心理，不愿意听对方说教，继而失去与之继续沟通的兴趣。因为说教的方式极易让他们产生做对方学生的感觉。

相反，倘若用讲故事的方式进行沟通，则会让对方对沟通产生兴趣，愿意倾听你所讲的内容，在无形中接受你的观点和想法，这其实在一定程度上就是用不影响的姿态去影响他人。

用讲故事的形式与他人沟通有什么好处呢？要回答这个问题，我们首先就要明确什么是故事。我们都知道故事要有人物、时间、地点、环境和情节，尤其是人物和情节，让我们能倾听到不同时代背景下的不同的故事；也因为有了人物和情节，每一个故事就如同一部电影，让我们看到不同的人物、不同的人生。

年轻的刘老师从本学期开始教七年级三个班的历史课。他发现，这些学生普遍不爱学历史。经过了解，刘老师发现他们不喜欢历史的原因是认为历史枯燥无趣。了解到这样的情况之后，刘老师对他的学生们说："我讲的历史可不一样。你们听一听肯定会喜欢的。"学生对此很好奇。

刘老师开始上课后，学生发现刘老师讲的历史课果然不一样，因为他的历史课不是让学生背年代、背人物，而是听故事。刘老师将一个个历史事件变成了一个个生动的历史故事，这样改变之后，学生们不但对学历史产生了兴趣，而且

PART 1
好的沟通，从好的故事开始

在听故事的过程中不知不觉地就记住了那些历史知识。套用学生的话来说，以前学历史，脑袋不和他们合作，什么也记不住；现在学历史，脑袋会主动和他们合作，没怎么费力气，历史知识就记住了。

其实教师讲课也是一种人际沟通，相当于当众发表演讲，因此无论与什么人沟通，倘若你能将沟通的内容化为故事，那么对方就会对你所说的内容感兴趣，随着内容的推进，听众就会被你的话语所影响。而对方一旦产生了兴趣，沟通就变得容易起来。所以，相比于讲道理，讲故事是一种更为巧妙且重要的沟通技巧。

或许有人会说运用讲故事的方式进行沟通无法传达自己最想要阐述的道理。其实不然，讲故事和讲道理在本质上是一样的，最终目标都是把自己要表达的道理说清楚，让对方相信你所讲的内容。但二者不仅形式不同，产生的效果也截然不同，这其中关键的区别就是心态。

于倾听者而言，通过听故事收获的是对方负责任的心态，听对方讲道理收获的则是对方敷衍了事的心态。苹果公司前首席执行官乔布斯在其自传里就着重强调了讲故事这种方式对沟通的强化作用。

他在书中写道:"向对方描述商业模型是一件极其沉闷的事情,而讲故事则会让对方听得更加明白清楚。"之所以这样,原因就在于讲故事的方式可以将晦涩的商业原理用简单而通俗的语言描述出来,更重要的是讲故事其实是在用一种不影响的姿态去影响对方。

那么如何用讲故事的方式将道理表达出来,达到更好的沟通效果呢?这需要我们所讲的故事具备三个基本条件。

首先是真诚。人际沟通要想获得良好的效果,首要原则就是真诚。因此运用讲故事这种沟通技巧时,我们一定要明确故事要建立在真诚的基础上。我们要清楚,我们不是编剧,无须"编"故事,应自然而然地将真实的沟通动机借助于故事准确地传达给对方,让对方在听故事的过程中体会到我们的真诚。

其次是可信。这里所说的可信,是要求讲故事的人首先要相信自己所讲的故事是真实的。而要做到这一点,就要求讲故事的人自己要清楚故事的内容、叙述的逻辑,如此一来,才能在讲给对方听的时候不出现逻辑错误,才能提升故事的可信度,进而使对方信服,达到沟通的目的。

再次是有激情。如何理解激情呢?就是讲故事的人在讲故事的时候要充满激情。事实上，激情来自哪里？来自一种"分享"的心态。这种心态会让讲述者产生迫不及待地将故事中的信息传达给对方的冲动。因此运用故事进行沟通时，一定要让自己充满激情；而要有激情，就要端正自己的心态，以一种积极的心态与他人沟通。

很多成功人士都愿意用讲故事的方式与他人沟通，比如俞敏洪，比如马云，他们在讲述自己的经历时都是那么充满激情，也正因为如此，他们的故事在与大众沟通中收到了很好的效果。

让沟通直抵人心的六条路径

要真实性还是戏剧性

故事可以触动人们内心深处类似的经历，展示与生活、世界或人生相关的新认知，但讲故事到底要注重真实性还是戏剧性呢？

在人际沟通中，不管是聊天、叙旧，还是上课、演讲，大到领袖发言，小到聚会谈天，只要是开口沟通的场合，讲故事无疑是最高效的沟通方式。因为人人都爱听故事，它可以触动人们内心深处类似的经历，展示与生活、世界或人生相关的新的认知，但讲故事到底要注重真实性还是戏剧性呢？

观察日常的沟通我们可以知道，并非所有故事都能吸引听者。我们可以通过下面这个事例来说明真实性和戏剧性到底哪个对讲故事更加重要。

针对某公司财务部最近所出现的问题，公司经理老马决定开个会，着重强调一下财务管理相关规定。为了让员工更加专注地听讲，更好地理解、贯彻公司的相关规定，他决定用讲故事的方式去沟通。他精心地选择了故事，并依据自己

的需要对故事进行了处理。具体故事如下:

从前有一个优秀的射手,一心渴望找到射手之国。因为有人告诉他,射手之国中人人都是神箭手,只要他能到达那里,就可以追随名师,提升自己的射术,成为卓越的射手。

于是他穿过森林,越过草原,经过一座座城池,不停地寻找着。最后,他到了目的地,见到了射手国国王。见国王看起来不像是身怀绝技的样子,于是他就问:"你们是怎么做到箭箭都正中靶心的?"国王答道:"谁都可以做到,你先射一箭,然后再找涂料,围着箭头画靶心就可以了呀。"

听完老马的故事之后,员工们没有多大反应。老马想不明白:明明自己想用故事吸引大家的注意力,但最终效果好像并没有想象中的那么好。

实际上,老马的这个故事之所以没能达到预期的效果,原因就在于缺乏故事性,无法产生强烈的代入感,情节过于简单,不能吸引听者。

这就提示我们,用讲故事的方式进行沟通,要依据沟通的要求对故事的真实性和戏剧性进行处理,既不能一味地追求真实性,也不能一味地追求戏剧性。

或许有人会说,既然是出于沟通的目的,那么重点就在于吸引听者,真实性要远胜戏剧性。其实,用讲故事的方式进行沟通时,要依据沟通的需要合理安排,对真实的故事进行戏剧性的演绎,如此才能吸引听者,产生强烈的代入感,进而有利于听者产生情感共鸣,达到良好的沟通效果。

那么如何对真实的故事进行戏剧化的演绎呢?这就要求我们注意运用以下方法对故事进行加工。

首先,要注意增加故事的趣味性。趣味性是检验一个故事能否被听者喜欢的标准。这就需要我们在讲故事时有一定的联想能力。为此,在故事讲述当中,要学会将抽象的概念转化为具体的形象。同时,故事的开头和结尾也要用心加以设计,开头可以直奔主题或者设置悬念,结尾则一定要出乎听者意料。如此一来,你所讲的故事就有了足够的吸引力,就不会让听者昏昏欲睡,甚至中途离开。

其次,要注意突出故事意犹未尽的特点。讲故事最好的效果就是让人意犹未尽。所以,你首先就要学会处理相关场景,将故事里人物的心理、情绪、举止通过你的声音、表情、目光、动作表演出来,再结合故事的内容,就可以将听者代

PART 1
好的沟通，从好的故事开始

入进去。

你可以运用手势来表现故事。须知，手势运用得好，你就可以为自己的故事增加魅力，可以将故事所蕴含的信息传达出来，可以为自己创造一个舞台，在传递信息的同时活跃气氛，也帮助听者在头脑中创造出相应的形象，进而传达你借故事所要表达的意思。

你可以借助面部表情传达感情。须知，一个讲故事讲得好的人一定是一个面部表情丰富的人。这样的人讲故事会更具有说服力，更具有影响力，更能突出故事的戏剧性。此外，你还要学会运用身体语言制造戏剧性效果。比如你可以利用身体语言将不同的人物演绎出来，比如娇羞的女孩、大大咧咧的中年妇女等。

要注意在讲故事的过程中"抖包袱"、留悬念，制造矛盾冲突。故事是靠戏剧性的情节取胜的，而戏剧性的情节与"包袱"、悬念和矛盾密不可分。冲突越激烈，悬念越吊人胃口，戏剧性效果就越好。

所以不妨在讲故事时，开始时不动声色，从容自如地进行铺垫、渲染；讲到结尾处，抖出一个意想不到的情节，让听者感到既意外又在情理之中。这样就如同中国传统相声的

"三番四抖",也就是一而再、再而三地将悬念推出来,产生"包袱"的效果,最后一抖落以产生笑料。比如下面这个故事就体现了真实性与戏剧性相结合的特点:

一对夫妻要在中午请客。二人分工,丈夫去买酒,妻子做饭。丈夫临走前,妻子嘱咐他记得买一袋味精。丈夫满口答应后就匆忙离开了。来到超市的酒水柜台,看着琳琅满目的美酒,喜欢喝酒的丈夫把什么都抛到脑后了。

正当他专心地挑酒时,一位年轻的女售货员微笑着对他说:"先生,记得买袋味精带回家啊。"这位丈夫感觉很奇怪:我在选酒,她为什么要提醒我买味精呢?莫名其妙。他接着挑酒。这时,突然,有人轻拍了下他的后背。他吓了一跳,回头一看,是一位老太太。这位老太太相当严肃地说:"小伙子,别忘了买袋味精带回家!"这位丈夫一听,感觉更奇怪了,再想到之前那位年轻的女售货员的提醒,于是他就问老太太:"老人家,你怎么知道我要买味精呢?"老太太笑了,指着他的后背说:"你后背上贴着一张纸条,上面都写着呢。"他连忙脱下衣服一看,上面真贴着一张纸条,写着:"好心人,请帮我提醒我的丈夫买袋味精回家!"

PART 1
好的沟通，从好的故事开始

　　这个故事虽然短小，却让人感到真实且具有戏剧性，而且故事中悬念迭起。从两位素不相识的人对"丈夫"的提醒，到"丈夫"莫名其妙，让我们仿佛看到了一幅画面，鲜活的人物形象令我们忍俊不禁。这就是对真实故事的戏剧性演绎所达到的效果。

好的故事必然引起共情

要想成为沟通高手,获取人际沟通的成功,就要学会用讲故事的方式与他人沟通。而故事要讲好就要培养讲故事的能力,尤其是能唤起听者共鸣的能力。好的故事必然是可以引起共情的故事。

当今社会,随着人们对沟通的重视,越来越多的沟通高手出现在我们身边。这些人都有着很强的沟通能力,而且多数会讲故事。听他们讲故事,你会不由自主地沉入其中,与他们产生情感共鸣,进而产生与其沟通的想法。

可以说,会讲故事为这些沟通高手助力,让他们得以在各种人际沟通中占有优势。所以,要成为沟通高手,获得人际沟通的成功,就要学会用讲故事的方式与他人沟通。而故事要讲好,就要培养讲故事的能力,尤其是能唤起听者共鸣的能力。

我又要讲一个我讲了很多年的故事。这个故事影响了我,

PART 1
好的沟通，从好的故事开始

影响了我们的企业。以前，我第一次听到这个故事的时候，我来回问自己，我们如何能够做到这样？这个故事说的是丰田汽车公司是如何打败美国汽车公司的。

日本汽车在美国汽车发展多年以后异军突起，日本的汽车公司到底是如何击垮美国汽车公司的呢？有的人说靠战略，有的人说凭设计，但是有一个故事最能说明问题。在美国芝加哥，有一天晚上下起大雨，有一个司机开着一辆车，雨刷器坏了。这个时候雨中走来一个人，这个人迅速跑到车上把雨刷器修好了。司机问他："你是谁？"他说："我是丰田公司的汽车工人，我看到我公司的产品出了故障，我有责任把它修好。"

这是马云在清华大学做的一段演讲。这段演讲紧扣"责任"主题，讲了一个丰田汽车公司员工为一位司机修好雨刷器的故事。这个故事紧扣演讲主题，唤起人们对责任重要性的共鸣，很好地吸引了听者的注意力，增强了演讲的说服力。

共鸣，原是物理学上的一个术语，是指发声器件的频率与外来声音的频率相同时，因为共振的作用而发声。在生活中，我们一般谈到的共鸣，实际上指的是情感上的共鸣。情感共鸣是心理学上的一个术语，是指一个人在他人情感表现或造成他人情感变化的情境（或处境）的刺激作用下，在情感或情绪上产生相同或相似的反应倾向。

情感共鸣还有一个名称叫作情境同一性。20世纪70年代，情境同一性原理被提出；研究者认为，每个社会情境或人际背景，都有一种合适的行为模式，这种行为模式表达了一种特别适合于相应情境的同一性，故称为情境同一性。

心理学家指出，人的交往过程就是交往双方互动的过程，这个过程包括交往对象和交往情境。如果在交往过程中，我们能进入对方的情绪状态之中，和他同喜同悲，那么我们就建立起了与对方共鸣的情境，也就能赢得对方的热情回应。心理学家认为这种现象是情境同一性原理的体现。

由此可见，情感共鸣的发生，是主体受客体感染而引起的。不过，并非他人的情感都能够引起主体的共鸣，情感共鸣的产生与主体当时的心理状态和认识有关。心理学家认为，人们之间感情上的认同和共鸣，是通过沟通情境刺激获得的互通和互相感染的结果。

由此可见，在讲故事的过程中，要引发听者的情感共鸣，不妨创设引发情感的环境、共同关注的主题以及其他诱发共同情感的因素。

首先,要注意在故事中创设引发相同情感的环境。一般来说,引发人的情感的因素包括环境、气氛和当天的气温等各种情况。在讲故事的过程中,要注意选择一个适宜的环境。一个与故事的主题和内容相符的环境更能引发听者的情感共鸣,同时还可对故事起到烘托作用。

其次,要注意故事的主题是双方都关注的。一般来说,共同关注的主题能很容易地让听者进入情境同一性,进而更容易让听者产生情感共鸣。

家长给孩子讲故事应接近孩子的认知水平,所体现的主题也应是双方共同关注的,这样在讲述的过程中更能促进孩子思考,同时孩子也能更好地理解家长想要传达的意思。

再次,要注意在讲故事时发挥情绪的作用。心理学家研究发现,交流双方情绪好的时候,交流效果往往会更好,反之则差。因此,选择与对方当时心情一致的故事来讲述,更容易引发情感共鸣,达成共识。比如对方是一个外向的人,容易敞开自己的心扉,那么在沟通时发现对方心情不好,不妨讲述一个与排除不良情绪相关的故事,就能比较容易地产生情感共鸣。

最后，要注意增加讲述语言的吸引力。实际上，人人都喜欢听那些可以让他们产生联想的故事。你所讲的故事越是能够在听者的脑海里形成一幅画面，对他们就越有吸引力，也就越容易引发其情感共鸣。所以，要引发听者的情感共鸣，就要注意提升你讲故事的吸引力。为此，不妨遵循以下三个原则。

一是坚持把故事具体化。在讲故事的过程中，将抽象的内容具体化有助于吸引对方。因为当你具体描述某一事物或经历的时候，你可以表达自己对相应事物或经历的真实感受，而这些真实的感受最能引发具有相同经历的人的情感共鸣。

二是讲述的条理要清晰。在人际沟通中，没有人愿意倾听一段混乱的话语，只有抓住听者的注意力，吸引其参与到故事中，方能引起情感共鸣。所以在讲故事的时候，逻辑思维要严密，把说的话集中在自己想要表达的中心思想上。

三是保持适度夸大。既然是故事，就免不了有夸大的成分，但这种夸大要在可接受的范围内，倘若过分夸大，就会让听者怀疑你的真诚，你所讲的故事自然就失去了吸引力，也就无法唤起对方的共鸣。所以，在讲故事的过程中，不要过分夸大，要多说真实、接地气的事例。

PART 1
好的沟通，从好的故事开始

人人听得懂才是好故事

讲故事的精髓就是让听故事的人能听懂故事的内容，跟讲故事的人一同思考。因此，只有讲人人都能听懂的故事，才能达到促进沟通的目的。

　　有关大脑成像的研究指出，人的大脑中处理来源于真实生活的影像、声音、味道和运动的那些区域，在我们沉浸在引人入胜的故事中时就会被激活。这就说明了为什么我们在听故事时会体会到其中所讲的栩栩如生的影像，甚至产生本能的反应。这同时也说明，只有讲人人都能听懂的故事，才能达到促进沟通的目的。

　　讲故事的精髓是什么呢？就是让听故事的人能听懂故事的内容，跟讲故事的人一同思考。这也是为什么那些浅显的民间故事、寓言和神话故事可以广泛流传的原因。所以，用讲故事的方式进行人际沟通，要达到良好的沟通效果，就要注意讲人人都能听懂的故事。那么如何讲故事才能让人人都能听懂呢？

第一，要善于运用对话、肢体语言和语气讲故事。一般来说，世界上没有完全相同的两个人，因为每个人都有自己的个性，每个人的学识水平不同，爱好和习惯也不同。因此对于讲故事的人来说，要讲出人人都能听懂的故事，就要学会借助对话、肢体语言和语气（尤其是肢体语言和语气），因其具有共通性，可以达到人人都能看懂和听懂的效果。

首先是对话。对话用词简洁且口语性强，所以几乎人人都可以听懂。因此在讲故事时，大段地运用人物对话，一方面可以让不同层次、不同年龄的听者都可以听明白，让故事里人物更加生动；另一方面也可以推动情节发展，让故事"活"起来。

其次是肢体语言。肢体语言亦称身体语言，是指用身体的各种动作代替语言来达到表情达意的沟通目的的手段。在同一民族中，相同的肢体语言可表达共同的意思。因此，在讲故事时，借助肢体语言可以向听者传达内心的情感，它是一种极其生动而传神的方式。

一般来说，人在讲故事的时候所能用到的唯一工具就是自己，要传达给听众自己所讲的内容也绝非简单的口头描述就可以做到，而肢体语言在此时就可起到辅助作用，它将视觉、听觉和动态的表演综合起来，不但丰富故事内容，而且可以激起听者的兴趣，让其听懂故事内容。

某教师在指导学生写作《龟兔赛跑》的续篇时，为了便于学生理解，她不采用生硬指导、简单复述道理的方式，而是采用手舞足蹈的方式来形象地描述。在讲到乌龟的时候，她就模仿乌龟的动作，在讲台上慢吞吞地动；在讲到兔子的时候，她就模仿兔子的动作，做出飞奔的样子。

甚至在讲乌龟和兔子对话的时候，她一会儿用乌龟的腔调说话，一会儿用兔子的语调说话，当然并不一定很像，却吸引了每一个学生，课堂上不时爆发出笑声。每一个学生都被这位老师的指导所吸引，都愿意听她的指导，产生了极大的写作兴趣。

要让人人都听懂你的故事，还要注意讲故事的语气。语气是在具体思想感情支配下具体语句的声音形式，语气的轻重不同，表达的感情也不同。可以说，不同的语气就如同绘画一样，将故事中不同的感情表达出来。

要让人人都能听懂你的故事，你就要用恰当的语气将故事讲述出来。所以讲故事之前，要调整好自己的情绪，让自己的情绪与故事内容相符，从而通过故事将你的情感传达给听者,引发听者的共鸣,进而让他们理解你的所思所想,为成功沟通创设条件。

第二,要注意用细节描述,让人们可以在你的故事里产生身临其境的感觉。相关研究表明,一个好故事必定具有过程比话题更重要这一特征。从这一点上看,讲故事的方式要远胜于故事本身。而运用细节描述让抽象的事物具体化,不但可以让别人听懂你的故事,而且可以调动听者的情绪,让故事更具煽动性。

讲故事是用语言营造想象的空间,这是一种缺乏直观视觉刺激的沟通方式。因此要成功地讲一个故事,尤其是出于沟通的目的讲故事,就要设法让听者在脑海中产生画面感,产生亮点和情绪动力。而抓住细节对故事中的场景多加描述,尤其是描述时多用一些叠词和形容词,就极易让听者对故事情节产生向往之情,达到神奇的调动情绪的作用。

于沟通而言,细节描述能达到事半功倍的效果。比如你的故事中讲到天气,你可以用语言描述哗哗的雨声,描述小雨淅淅沥沥的声音,描述电闪雷鸣声……这样你的故事不但能让每个人都理解,也会让每一个听的人都感到妙趣横生。

要让别人听懂你的故事,还要注意故事素材的选择。一

PART 1
好的沟通，从好的故事开始

一般来说，要讲一个人人都能听懂的故事并非易事。因为你会发现，在人际沟通的很多时候，当你企图用一个故事向沟通对象表达自己的某种观点时，常常有无从下手的感觉，甚至不知道应该如何组织自己的语言。实际上，这就说明了你缺少自己熟悉的素材。

为此，要想在人际沟通中娴熟地把自己的观点用故事的形式表达出来，就要培养自己的故事思维，尽可能多地积累素材。关于故事思维，前面的内容我们已经谈过。在这里，我想重点谈一谈故事中素材的来源。在通常情况下，最好的素材来源于自己的经历。

简言之，你本人的经历就是最好的故事素材。而且由于是你自己的故事，所以当你讲起来的时候，就能讲出真情实感，也就能唤起听者的共鸣。加之此类素材原本就存在于你的长时记忆里，一旦你要使用，就可以信手拈来而无须刻意寻找。

当然了，以你自己的经历为素材讲故事的优点还表现在，你可以借助故事随心所欲地向听者发问，根据沟通需要添加情节和人物。甚至由于你清楚故事中的每一个细节，所以你的讲述可以最大限度地吸引听者，进而打动听者的心，赢得听者的信任，拉近彼此之间的距离，让你的沟通发挥最大的影响力。

不过，以自己的经历为素材与他人沟通时，要想让人人都能听懂，就要考虑到每个人的生活经历不同，在讲故事的时候放大视野，而不能一味地讲述自己的经历；要跳出自我的小圈子，学会以"第三人称代入法"讲故事，让听者产生一种间接的体验，同时辅以故事细节和自己的感受，进而让听者产生身临其境的感觉，从而打动听者。

同时，在讲故事过程中没有交代故事的主角是谁的情况下，在故事的最后，无论故事的结局是悲还是喜，都要将故事的主角告诉听者，这样更能让故事产生震撼性的效果，达到预期的沟通目的。

PART 2

共鸣，开启一切良好关系的基础

一个人只有具备了共情能力，才能换位思考，才能感受他人的内心世界，理解他人的言行举止，进而深入他人的内心，与他人建立亲密的联系。

真诚,引发共鸣的基石

即便是一声很平常的"谢谢",倘若语出真诚,一样可以引起人际关系的良性互动,成为交际沟通的催化剂。同时我们也要知道,真诚是引发共鸣的基石。

相信相当多的朋友都有不知怎样与人深入沟通的苦恼,这其中包括不知道怎样将自己的真实想法表达出来,甚至在沟通时,为了避免伤害对方刻意说违心的话,结果却造成一些误会,进而影响了自己的人际关系。

小敏和小燕是一对闺蜜。从小到大,都是直爽的小燕照顾文静的小敏,就算是二人已分别结婚成家,感情也不曾受到影响。前段时间,小敏获知小燕的父亲生病住院了,查出是癌症晚期。孝顺的小燕为父亲的病到处求医问药,原本不宽裕的家境更加困难了。

周五晚上,小敏接到小燕打来的求援电话,小燕想向她借一笔钱周转一下,三个月后还。小敏感到很为难,因为她一直在做全职妈妈,家里的经济来源全靠丈夫。而小敏知道

PART 2
共鸣，开启一切良好关系的基础

自己的丈夫并不是一个大方的人，连自己的娘家遇到事情都不愿意借钱，更不要说是自己的朋友了。

可是小燕轻易不向自己张口，现在遇到了困难，自己不帮实在说不过去。但自己在家又没话语权。怎么办呢？小敏坐卧不宁，小燕还等着她的回信呢。几经思考，小敏决定撒个谎，既不伤害小燕，也不让小燕知道自己家的真实境况。

她拿起手机，拨通了小燕的电话："燕，我知道你现在遇到了难处，也特别想帮你一把。但实在不好意思，前段时间我家那位做生意不顺，赔了些钱，周转不开，你看要不你先从别人那里挪点儿？"在说话的过程中，小敏感到特别不好意思，特别内疚。电话中，小燕沉默了一会儿，然后极其善解人意地说："巧了，我正要告诉你呢，问题已经解决了。谢谢你呀，敏，没事儿，咱们有机会聚一聚。"但是从那儿之后，小燕再也没有主动联系过朋友小敏。

是什么影响了小敏与小燕的友谊？其实就是小敏在与小燕沟通的过程中没有真诚相待。要想达到高效沟通的效果，真诚是首要的前提。

何为"真"？就是以坦诚的态度、真我的形象与人相处，以诚实而不伪饰的态度示人。何为"诚"？就是将自己所有的

"牌"摊开亮在对方面前,不讨巧,不藏拙。"真"与"诚"合在一起就是一种人生态度,就是一种处事态度;用这种态度与人相处,就会给自己和他人提供一份安全感。

在心理学上,真诚是指一个人以真实自我、真实可信的态度出现在沟通中。人与人之间存在一种天生的互动效应,即你如果能真诚地对待别人,别人也会以同样的方式给予回报。即便是一声很平常的"谢谢",倘若语出真诚,一样可以引起人际关系的良性互动,成为交际沟通的催化剂。

发自内心的言语是真诚最为外在的表现,这样的言语极具感染力,就算是简单的几句话,也可以引起听者强烈的共鸣。当我们以真诚的态度与人沟通时,对方就会感受到舒畅和放松,原来质疑的心态就很容易被认同和信任所取代。因此,在人际沟通中,真实的情感、真诚的话语,永远是打动人心的最佳诀窍,也可以让你从对方那里收获真诚的回报。

我国著名的文学家沈从文先生在与人相处时,就待人以诚;尤其是在与学生相处时,更是以真诚赢得学生的敬爱。当他第一次在上海吴淞工学给学生们讲课时,由于过分紧张,一句话都说不出来。

首次登上讲台的沈从文看着课堂中坐得满满的学生,望

PART 2
共鸣,开启一切良好关系的基础

着一双双盯着他的眼睛,紧张得脸都红了,好半天都开不了口。情急之下,一向老实为人的他转身用粉笔在黑板上写了一行字:"我第一次上讲堂,看见你们有这么多人,我害怕了。"他原以为这句话会遭到学生们的嘲笑或取乐,但令他没想到的是,自己收获的是学生们充满鼓励和支持的掌声。于是受到鼓励的沈从文变得大胆起来,从此成为一个很会在学生面前说话的人。而学生们自然也喜欢上他的课。

没错,让沈从文先生赢得学生理解和尊敬的武器就是真诚。所以,与人交流时,将真诚注入言语和行动中,就会向对方传达出真诚的心意;而对方感受到你的诚意,就会乐意打开心扉,接受你,由此你们才能实现沟通。

相反,倘若我们在与别人沟通时一直不能以真诚的态度相待,那么这种不真诚,哪怕是由于紧张导致的,也会在我们说话的语气和节奏中透露出来。这就会令对方质疑我们所讲内容的真实性或可行性,进而影响沟通的效果。

认真倾听,以坦荡的胸怀和坦诚的态度与人沟通是真诚的又一种表现形式。一个人在与别人相处时,越能胸怀坦荡、行为真诚,对他人持宽容和理解的态度,真诚待人,耐心地倾听对方的表达,在对方倾吐的过程中不断思考,就越能理解对方的想法，而越能理解对方就越懂得照顾他人的情绪，于是在沟通中就越能给对方以安全感和可信任感，进而在双方沟通中让对方产生"相信此人错不了"的交际体验。

平等待人，言行一致，也是真诚的一种表现形式。人际沟通中对他人真诚相待的人，会在双方互动中将互动的诚意传达给对方，简单地说就是积极与对方交流，不以对方年龄、身份、地位等的不同予以区别对待，并坦诚地向对方提供最为真实的信息，且乐于互换信息。如此一来，因为有了互信，就会让双方的沟通随着时间的推移而越来越频繁、越来越积极。

言行一致的突出表现就是语言和非语言的统一。在沟通过程中，非语言信息可以让对方判断你说话的内容是否真实，只有语言和非语言信息一致，方能让对方感受到你的真诚，这也决定着双方沟通的质量。

因此在与人沟通时，要注意你说话的内容与对方所说内容的呼应、你的非语言信息与对方的非语言信息的协调。要借助于非语言信息将你的真诚传达给对方，让对方从你的言行一致上感受到你的真诚。

总之，无论何时何地与何人沟通，以真诚为基础的良好

PART 2
共鸣,开启一切良好关系的基础

内在品质永远是有效沟通的前提。因此在人际沟通中,要尽可能在每一次沟通中展现你的真诚,在真诚中塑造更高品质的自己,让自己成为一个让人感觉态度温和、可亲的人,进而成就真诚而高效的沟通。

让沟通直抵人心的六条路径

多用"我们",少用"我"

在与人沟通中反复强调"我的""我",往往会因为过于自我而让对方产生强烈的压迫感和不平等感,进而影响良好人际关系的形成。因此在沟通中要多用"我们",少用"我"。

丽娃在单位里人缘特别好,大家都喜欢和她聊天。除了因为她会说一口流利的普通话,还在于她与别人说话时的用词格外贴心,让人不知不觉地把她看成自己人,忍不住想倾吐心里的话。新来的莹莹特别羡慕丽娃的好人缘,于是不断地观察她、学习她,也想让自己成为一个受人欢迎的、会说话的人。

慢慢地,莹莹发现丽娃在与别人说话时,除了多听少说,说出来的话特别温暖人心之外,她的言辞中最常用的就是"我们",而且她很少讲自己,除非对方要求。在一般情况下,她会充当一个忠实的听众,在认真倾听的同时,时不时地呼应一下对方。莹莹专门去查阅了人际沟通的相关知识,明白

PART 2
共鸣，开启一切良好关系的基础

了丽娃的这种沟通方式相当高明，这种方式能让对方产生中心感，进而感受到自己的重要。

在人际沟通中，我们经常会发现，太多的人喜欢谈论自己的事情，而对于他人的事情则不太关心。时间一长，双方沟通的效果就会受到影响。

因此，聪明的沟通者清楚人际沟通是一个互动的过程，倘若只聊自己而绝口不提别人的事情，就会让对方有一种被冷落的感觉，结果就是自己说得很兴奋，甚至唾沫横飞，对方看似在专注而耐心地听你讲话，实际上内心几近崩溃，没准在心里不停地说着："这个人话可真多，什么时候能聊完啊！""这个人太烦人了，没完没了地聊自己的那点儿破事。""晕，咋还没完啊？我还有事呢。"而那些能开启一场又一场成功沟通之旅的人，首先就做到了沟通中以他人为中心。

如何做到以他人为中心呢？最根本的一点就是在与别人沟通时多说"我们"，少说"我"。

某著名主持人主持的节目非常火爆，因为他总能邀请到明星"大咖"，甚至一些人主动表示要上他的节目。而且每次接受他的访问或者上他主持的节目，这些明星或"大咖"们都相当开心；就算是他和对方聊起一些平时极少甚至不想谈论的话题，这些人也会不避讳，甚至有的人还主动将这些话题拿出来聊。

有人问这位主持人其中的原因，探究他成功进行人际沟通的秘诀。这位主持人平静地说："我想之所以有这么多人愿意上我的节目，并非我说得多么精彩，而是由于我很愿意听他们聊自己的事情。不知你有没有发现，我在与他们聊天时，总是尽量说'你觉得……''你是否……'，而极少说'我'这个字眼。这或许就是嘉宾们有说不完的话的原因吧。"

细细想来，这位主持人的话真的是相当有道理。从心理学角度分析，在人际沟通中，一个人经常说"我的""我"，反映了其过高的自我意识。这种过高的自我意识倘若放在小孩子身上或许无关紧要，不过于成年人而言，尤其是个性比较强的成年人，在与人沟通中反复强调"我的""我"，往往会因为过于自我而让对方产生强烈的压迫感和不平等感，进而影响良好人际关系的形成。

正是因为如此，亨利·福特二世在谈到令人厌烦的人际行为时，将人际沟通中满嘴"我"的人，独占"我"字、随时随地说"我"的人，看成不受欢迎的人。

如何做到在人际沟通中少说"我"，多说"我们"呢？这

PART 2
共鸣，开启一切良好关系的基础

就要求我们在人际沟通中树立利他意识，尽量让他人成为话题的中心，学会倾听。

首先，要认识到每一个人都希望有朋友来分享自己的喜悦，分担自己的痛苦，每个人都需要别人的关注。在与他人沟通时，不妨多聊一些对方感兴趣的话题，比如专门针对你个人的一些问题的回答，介绍你个人的经验和感受、心得等。

其次，学会科学使用措辞。《福布斯》杂志曾登载过一篇题为《良好人际关系的一剂药方》的文章，其中有几个观点值得借鉴：语言中最重要的五个字是"我以你为荣"，语言中最重要的四个字是"您怎么看"，语言中最重要的三个字是"麻烦您"，语言中最重要的两个字是"谢谢"，语言中最重要的一个字是"你"。那么，语言中最次要的一个字是什么呢？是"我"。由此可见，在与他人沟通时一味地聊自己的人会多么不受欢迎。

一个在聊天时只聊自己而忽略别人的人，往往会被别人看成自高自大、自私自利的人，这样的人爱以自我为中心，往往会让大家对其避之不及。而那些能把对方放在心上的人，才是真正的说话高手。

为此，在聊天时，尽量别让"我"字从自己的口中说出；

每次想说"我"的时候,可改成"你"或者"他"。改变之后你会发现,在接下来的谈话中,随着你不断地说出"你那天……""你感觉""你的看法……"之类的语句,话题就会不断地围绕对方展开,在这种情况下,对方获得了畅所欲言的机会,而在其倾吐的过程中,你也就成了对方愿意进行沟通的人。

PART 2
共鸣，开启一切良好关系的基础

接受冲突，创建和谐的沟通环境

当他人的想法与自己的想法存在冲突之处时，要端正心态，不能认为别人故意和你过不去，或者去怀疑自己，而要尊重对方的不同意见，寻找双方意见的相同点，创建和谐的沟通环境。

小熊在读大学期间是校辩论协会主席，曾多次代表班级参加辩论赛，而且每次辩论赛的首席辩论手都非他莫属。他的辩论天赋备受大家推崇，甚至连他的女朋友都是因为被他的辩论口才所折服才和他在一起的，他本人也以此为荣。

出色的口才让小熊养成了喜欢与他人争辩的习惯，无论是在课堂上还是在平时聊天过程中，一旦与他人意见不合，他就会和对方争论不休。当然了，最后的胜利者只有一个，那就是小熊。就是因为这个原因，没人敢和他探讨问题。

大学毕业后，小熊因为简历上诸多可加分的经历而被一家大公司聘用。每个人都认为他必定会在新公司混得风生水起，他本人也充满信心。然而进入公司后，小熊发现自己好像是英雄无用武之地了。为什么呢？因为他太喜欢在工作中争个谁对谁错，而且无论他人说了什么或者做了什么，他总喜欢将别人不正确或不符合实际情况的地方指出来。甚至有几次，他还和领导争论起来，把对方弄得下不了台。这样一来，他就成了公司里最不受欢迎的人，每天处于上司不待见、同事不喜欢的状态中，不但工作得特别不开心，而且没有升职加薪的希望。

是什么原因让那么多的人喜欢在人际沟通中争个你高我低呢？这是由个体寻求关注的心理需求和人类大脑的功能所决定的。

发展心理学研究发现，人类从婴儿时期起就渴望获得他人的关注，以获得内心的满足。比如婴儿在无人关注时会放声大哭，一旦被抱起或被轻拍，他们就会变得听话乖巧起来。于是"有人注意"就是"将获得满足"的信号。

这种心理一旦在婴儿期或成长的过程中没能得到满足，那么就会导致一个人在其成年期对他人关注的过度期望。这样的人会在成年后以各种不同的方式争取达到心理满足，而与人争论就是其中的一种主要形式。

同时，一位美国心理学家提出，人类大脑的主要作用不是思考，而是用来争论和说服对方。而一个人在争论和说服对方的过程中，一方面展示了自己的个性、品格、才华和能力；另一方面，赢得争论则意味着自己的认知体系更优秀，也就更有可能获得各种资源，从而增加自己的生存机会和幸福程度。正是由于这些原因，很多人喜欢在人际沟通中和人争论，甚至有人发展成了"杠精"。

实际上，每个人都有自己独特的个性和不同的做事方式。每个人的品格和能力不同，在相同的问题上，必然存在不同的观点和看法。于是，人与人之间不可避免地会存在意见相左的情况。此时，倘若如上面事例中的小熊那样，一定要辩个"你死我活"，那么只能让矛盾越来越深，进而使人际关系恶化，影响工作和生活。所以，聪明的人在人际沟通中总能接受冲突，让差异成为人际关系的润滑剂，营造和谐的沟通氛围。

面对冲突，一些人喜欢与人争论，这其实是一种好胜心理在作怪。实际上，当你开始与人争论的时候，你的情绪已经接近失控，就此点而言，你已经输了！因此，我们可以就不同的观点与人讨论，但不能争论。因为倘若与对方争论，就算是你赢了争论，你也输了：输的是良好的关系，输的是修养和风度、品格。通过下面的这个例子，我们就可以看出不善于处理冲突的人，有时会因为一点点小事而导致无法弥补的后果。

小高和小丽相恋了三年。不久前，两个人却分手了。让人吃惊的是，二人分手竟然是因为一顿晚餐。春节上班后，小丽发现自己胖了许多，痛下决心减肥。因为两人住在一起，减肥自然会影响对方。于是小丽在征得小高同意后，决定从此不吃晚餐。减肥进行了一段时间后，略有成效，小丽格外高兴。

这天晚上，小高临时加班，小丽一个人在家，加上她正在减肥，于是她只切了些水果吃。深夜时分，小高回到家，一身疲惫的他感到特别饿，但家里没有任何吃的。小高因此有些不高兴，认为小丽不关心他。他在和小丽说话时，就把这种情绪带了出来。小丽感到特别委屈：那么晚了，自己还在等小高，这不是关心是什么？最终二人就关心的表现形式发生了争执且越来越激烈，发展到互相揭短，最后一怒之下分道扬镳。

真正的沟通高手在面对冲突时会持求同存异的态度，而不是与对方不停地争论。因为他们明白"一千个人眼中有一千个哈姆莱特"，每个人的成长背景不尽相同，人生观和价

PART 2
共鸣，开启一切良好关系的基础

值观也大都不太一样，因此我们不要期望自己的想法能获得所有人的理解和支持。就算是我们自己，也不可能接受每个人的观点，那么当他人的想法与自己的想法发生冲突时，就要端正心态，不能认为别人是故意和自己过不去，而要尊重对方的不同意见，寻找双方的共同点，化差异为提升自己的动力。

一次，卡尔陪同父亲参加拍卖会。会后的晚宴中，坐在他右边的一个人谈到了自己拍到的一幅名画，并就这幅画的作者侃侃而谈，甚至讲了画家的一则逸事。但卡尔认为这则逸事不是发生在这位画家身上的，那个人弄错了。为了表现出自己的优越感，卡尔大声地纠正那个人的错误。对方马上反唇相讥。就在两个人要争执起来的时候，父亲笑着拉了一下卡尔，对他说："卡尔，这位先生没说错。"那个人得意扬扬地离开了。

卡尔感觉特别委屈，但他没再多说。在回家的路上，卡尔问父亲为什么将错的说成对的，父亲回答道："亲爱的孩子，我们都是宴会上的客人，就算你能证明他错了，你又能收获什么呢？为什么不给他留点儿面子？而且人家只是在谈论问题，并不曾征求你的意见，为什么要和他抬杠呢？与其与人争论,不如将时间用于提升自己。"

后来,父亲虽然去世了,但"与其与人争论,不如将时间用于提升自己"这句话却留在了卡尔脑海中。他一改从小就形成的倔强的个性,开始学着提升自己,不断学习,最终成了他所在领域的佼佼者。

在人际沟通中,对于一些非原则的小事,不要与人争论不休;因为就算是争论出个结果,也没任何意义,不妨将自己的想法清晰地表达出来;不要强迫对方接受,不要执着于得到对方的肯定或赞同,而要以谦和的心态对待对方,从别人的"异"中吸取养料来壮大自己。

PART 2
共鸣,开启一切良好关系的基础

平等对话,赢得信任的利器

一个人在与别人沟通时,倘若能平等对话,多从对方的角度思考问题,就能创造更大、更丰富的自我内心世界,进而更加理解他人,赢得更多人的信任,获得他人的尊重与认同,成就良好的人际关系。

一对在一起生活多年的老夫妇,丈夫发现妻子和自己的沟通越来越少,担心她年纪大,耳朵聋了。于是他想测试一下妻子的听力。这天,他特意早点儿回家,不是按门铃让妻子开门,而是自己用钥匙打开房门,再用力关上。结果,他发现正在厨房做饭的妻子根本没理他。

丈夫一想,坏了,妻子可能真的耳聋了。他又大声地喊"我回来了",结果妻子还是没回应他。他又走到客厅中间,更大声地喊"我回来了",妻子还是没有回应。丈夫急了,几步走到厨房,对着妻子的耳朵大喊:"你聋了吗?"妻子转过脸来,对着丈夫大吼:"聋的是你!从你开门进来,我已经回应你三次啦!"

这是一则笑话,不过它让我们在发笑之余也产生了一些对人际沟通问题的思考。在很多时候,我们在人际沟通中一厢情愿地自说自话,却不曾注意倾听对方的感受,结果造成人际关系紧张,导致沟通失败。

须知,人际交往不但是人类社会的核心功能,而且也是个体成功的核心能力、个体心理健康的核心标志。具有良好沟通能力的人,必定能站在对方的立场上说话,能平等地和对方对话,因为他们清楚这是赢得对方信任的前提。

小罗是某品牌手机的售后服务人员,每天要接到无数用户打来的电话。但无论是怎样的客户,他都能以礼相待,和对方沟通得很顺畅,常常是对方带着疑问甚至怒气打来电话,最后心情愉快地放下电话。他的这种服务态度获得了诸多好评,因此受到总公司的嘉奖。当其他售后服务人员问他为什么能在对方出言不逊时保持谦和的态度与之沟通,帮助其解决问题时,小罗的回答是:"以己之心度人。"

一次,公司一款最新式手机刚面市没多久,小罗就接到了一位用户打来的电话。由于这款手机的用户定位是商业成功人士,因而价格较高,而这位打来电话的用户显然属于这一类人。电话接通后,对方不满地责问小高,这款手机卖得

PART 2
共鸣，开启一切良好关系的基础

那么贵，为什么才用了没两天就死机？一家公司竟然如此蒙骗消费者，这不是骗钱吗？小高静静地听完对方发泄的言语后表达了对手机死机给这位用户造成麻烦的理解。

直到对方心平气和后，他才耐心地询问手机的问题及问题出现前后对方使用手机的方法。最后，小罗分析了手机死机的原因，并指导该用户自己尝试着操作。该用户在小罗的分析与指导下意识到死机的原因是自己操作的问题，顿时不好意思起来。而小罗没有任何怨言，愉快地与其在电话中道别。

正是由于持"以己之心度人"的心态，小罗才能站在对方的立场上说话，才能让对方心气平和，从而为后面的沟通创设条件。这说明，要做到站在对方的立场说话，就必须具备人际交往的核心能力——换位思考。

德国心理学家曾做过一个心理学实验：受试者被分成两组，每人得到一百美元的赌资。在进赌场之前，主试对其中一组人说："如果你们选择不赌钱，就会失去百分之六十的钱。"结果，几乎每个人都去赌钱。主试又对另一组人说："如果你们选择不赌钱，就会得到百分之四十的钱。"结果，大多数人都没进赌场。

这个有趣的心理学实验说明，在处置事件时，由于意识和思考的方式不同，表达方式不同，所引发的内在心理活动也不同。因此要想科学地解决问题，让事情向着利好的方向发展，就要在遇到问题的时候让个体从自我世界中跳出来，观察自己，观察他人，观察社会，即学会换位思考。如此才能看到更加广阔的天地，充分理解他人的意图，进而将双方的想法进行综合组织，找到利于未来发展的解决问题的方式方法。

人际关系处理本身是大千世界中的一个问题。面对人际沟通这个问题，同样需要换位思考。一个人在与他人沟通时，倘若能换位思考，就能多从对方的角度思考问题，就能创造更大、更丰富的自我内心世界，进而更加理解他人，赢得更多人的心，获得他人的尊重与认同，成就良好的人际关系。

那么，如何在人际沟通中运用换位思考赢得他人信任，提升沟通效果呢？最重要的就是要与人共情。

从心理学角度来看，换位思考的前提就是与人共情。一个人只有具备了共情能力，才能进行换位思考，才能感受他人的内心世界，理解他人的言行举止，进而深入他人的内心，与他人建立亲密的联系。

要与人共情，在交流时就要审时度势，依据对方的情绪

PART 2
共鸣，开启一切良好关系的基础

和状态说话，将对方放在心上，时时考虑对方的感受。比如与你交流的人体形偏胖，你就不要大声地询问对方怎么这么胖，或者谈什么减肥；与你交流的人恰好失去了亲人，你就不要问对方最近是否开心，也不要邀请对方出去游玩。

要与人共情，在交流时就要注意依据谈话的情境说话。比如在婚礼上与人交流，就不要谈令人不愉快的话题；在众人聚会时，就不要当众品评他人衣着的不完美；在餐厅吃饭时，就不要谈某种不好吃的食物或引发他人不良想象的场面。

要与人共情，就要注意交流对象的性别、性格、爱好和个人隐私。就算同为女性，在与对方交流时，最好也不要询问对方的年龄；无论与什么人交流，都不要询问收入等涉及个人隐私的问题。

要与人共情，就要在交流中学会倾听，将说话的机会主动让给对方。人际沟通是一种互动的过程。这个过程就如同在进行一场排球比赛。当球飞来时，每个人都有机会击球。好的球手总能知道如何传球才能让队友方便地接到球，进而让大家都享受到一场酣畅淋漓的比赛，大家合作赢得比赛的胜利。因此在与人说话时，能换位思考的人总能寻找到适当的话题让对方享受交流的乐趣。

总之，只要我们能时时站在对方的角度思考问题，以诚待人，宽以待人，沟通交流的时候约束一下自己，谈好事，把重心放在对方身上；说责备，先把矛头指向自己。多考虑别人的感受，与之共情，才能用言语打动对方，获得对方的信任，创造良好的人际关系。

热情,最简单的高明

热情是一种精神特质,代表一种积极的精神力量;热情是自信的表现,能感染人。在人际沟通中,善用积极向上、充满热情的语言,就可以让别人充分感受到你的自信和善意。

人际交往大师卡耐基说:"影响一个人成功的因素有很多,热情则是其中最重要的一条。如果没有热情,那么一个人能力再强也不可能成功。"在人际沟通中,一个充满热情的人总能感染他人,进而创建出令人愉悦的沟通环境,促成高效沟通。

一个充满热情的人,最能感染周围的人。通过下面这个例子,我们就能看出一个充满热情的销售员是多么的厉害。

八十多岁的李老每天最大的乐趣就是"摆弄"电脑。他不但学会了用电脑查找资料,而且学会了用电脑看电影、下棋。电脑已成了李老生活中不可或缺的一部分。这天,李老发现自己的电脑出了问题,就带着电脑来到电脑一条街,想找人帮忙看看。

一走进电脑市场,他便直奔门面最大的一家店。店里顾客非常多,李老找了半天,才看到一个身边没顾客的服务人员。李老来到这个服务人员面前,说了声"你好",结果对方连头也没抬,对着电脑问有什么事。李老将电脑拿出来,说了电脑出现的问题,请对方看一看。结果这位服务人员还是一副漫不经心的样子,让李老在一边等一会儿。这一等就是大半天,李老气坏了,掉头离开。

出门之后,李老找了一家门面并不是很大的电脑店。结果刚一进门,年轻的店员便热情地迎了上来,顺手接下他手中的电脑,并请他在一把椅子上坐下来,一边询问有什么问题,一边递给他一杯热水。李老心里顿时觉得非常舒服。听了李老的介绍之后,年轻的店员判断可能是电脑的硬件出了问题,他请李老别着急,检测一下再说。

经过检测,确认是电脑的硬件出了问题。年轻人告诉李老,以他的电脑的情况,修的价格还不如换台新的。李老经过深思熟虑,决定换台新电脑。那位年轻人热情地为李老介绍了许多不同品牌的电脑,又针对李老买电脑的用途给了一些很贴心的购买建议。

最后，李老从年轻人这里购买了一台新电脑。年轻的店员不但帮李老装好了需要的软件，而且叮嘱李老遇到问题随时来找他，非硬件问题免费解决。

看完这个例子之后，我们就能知道热情的力量，这也是我们去很多高档购物商场时为什么很多店门可罗雀却依然有那么多的服务员：为了防止在客人过多的情况下顾客体验不到店家的热情。

哈佛大学心理学教授罗伊指出，热情是一种精神特质，代表着一种积极的精神力量。热情是自信的表现，能感染人。在人际沟通中，善用积极向上、充满热情的语言，就可以让别人充分感受到你的自信和善意。一个待人热情的人一定是内心充满正能量的人，而这种正能量可以散发出强大的气场和魅力，令对方不由自主地受到感染，从而被打动、被说服。

当一个人以满腔的热情将自己要与对方交流的事情条理清晰地表达出来时，就会令对方感同身受，进而影响对方做事的态度。一项研究表明，热情可以弥补一个人能力上20%的缺陷；如果不够热情，一个人则只能发挥出自身能力的50%。因此在与他人沟通时，学会用热情感染对方，是最为高明且简单的沟通方法。

歌手王力宏在一次访谈节目中谈到自己与钢琴家郎朗的一次合作演出。他说自己原本以为郎朗是一个沉默寡言的"文艺青年",担心自己无法与之沟通。结果没想到的是,郎朗一见到他,不但主动打招呼,而且还热情地与他聊了一些其他的事情。在交谈中,郎朗不停地跟他讲冷笑话,称自己是"狼(郎)"的传人,王力宏是"龙的传人"。很快,郎朗的热情就感染了原本有些拘谨的王力宏,二人很快就成了好朋友。

陌生人之间沟通,如果有一方比较热情主动,另外一方便会受到感染。从上面的例子中我们就可以知道,正是郎朗用自己的热情感染了原本比较拘谨的王力宏,使其变得热情开朗起来。在人际沟通中,热情是润滑剂,可以让彼此陌生的人熟络起来,让冷漠的人变得热情起来。

当然了,要在人际沟通中以自己的热情感染他人,首先就要自己保持热情。须知,在人际交往中,自己保持热情是把热情这一积极情绪传递给他人的基础。只有自己满怀热情,才会让对方产生主动与你谈话、交往的意愿,同时也会消除对方心中拘谨、忐忑等消极情绪,使得对方也变得热情起来。一个缺乏热情的人是无法带给他人乐观、向上的感觉的,也就比较难以建立起良好的人际沟通。

如何让自己保持热情呢？最重要的一点就是学会用积极的心态去看待问题，从积极的角度去阐述问题。倘若你总能看到事物积极的一面，那么你就会成为一个发光的正能量体，可以让他人感受到你的积极情绪，进而通过你的视角积极地看待事物。

当你以积极的心态与他人沟通时，你积极的心态就会于潜意识中产生积极的作用，让对方也变得积极起来，进而主动与你沟通、合作。当两个心态积极、充满热情的人进行沟通时，又怎么可能不互相影响，达成互惠互利的沟通结果呢？

赞美别人的话可以赢得"好感"

观察我们周围,几乎没有人不喜欢被赞美,不管是牙牙学语的孩子,还是白发苍苍的老人。赞美之所以如此受欢迎,是因为它会对人的心理产生积极的作用。还有,赞美别人可以赢得对方的"好感"。

在一次土特产品展销会上,几位中年妇女结伴在展位前观看。当这几个人来到一个展位前时,一位小伙子迎了上来。他先是逐一介绍展品以及展品的作用和功效,最后还请她们品尝。一个中年妇女拒绝品尝,并说,尝了就得买,但好多产品都是说得天花乱坠,根本就是在蒙人。

小伙子没生气,笑着说:"从您说的这句话,我就知道您是文化层次特别高的人,头脑清醒,消费理性。的确,现在好些产品就是卖个概念,但我们的产品不一样。看您,气色特别好,一定特别懂养生,家里一定经常煲汤喝吧。您看这个,您见多识广,一定知道是什么。它纯绿色,无污染,经常用它煲汤,对身体特别好。"就这样,最后,竟然是这个中年妇女牵头,几个人分别从这个展位上购买了很多土特产。

是什么让这位原本有抵触情绪的中年妇女的态度发生了变化?是赞美的语言。正是那位小伙子得体的赞美,让中年妇女转变了态度,主动购买了他所在展位的产品。

观察我们周围,几乎没人不喜欢被赞美,不管是牙牙学语的孩子,还是白发苍苍的老人。赞美之所以如此受欢迎,是因为它会对人的心理产生积极的作用。还有,赞美别人可以赢得"好感"。

2012年,日本心理学家定藤规弘做了一项心理学研究:他将一群受试者分成三组,然后让他们学习一种特殊的手势。实验人员分别给这三组人不同的对待:第一组人被称赞手势做得好,要求第二组人看别人被称赞,第三组人则进行自我评估。第二天,实验人员让三组人表演这种特殊的手势。

结果显示,第一组人不仅表现得比其他两组的人更出色,而且情绪也很好。这是因为赞美可以提升个人的自尊感。获得他人赞美的人,其行为受到了正面的认可,不仅会为其带来愉快的情绪,而且会提升对方的自尊感,从而促使对方带着自信积极地行动,进而达到良好的目标。

可以说,世界上没有人会对他人给予的赞美无动于衷。不过为什么同样是赞美人，收获的效果却不同呢？那是因为赞美的时机、方法和程度不同。诚如大文豪萧伯纳所说："每次有人吹捧我，我都头痛，因为他们捧得不够。"为此，在人际沟通中要发挥赞美的作用，就要注意赞美的时机、方法和程度。

首先，要把握好赞美的时机。只有把握好赞美的时机，赞美才会深入对方内心，才能让对方对你刮目相看。

一个男孩儿听周围的朋友说，对女孩儿要多多赞美，可以赢得对方的芳心。于是他在经人介绍与一个女孩儿相识后，就尽力赞美对方。两人初一见面，他就说："你真漂亮！"女孩儿不好意思地红了脸。相处了一段时间后，他请女孩儿看电影。因为是一部喜剧片，满场的人都不停地笑着，女孩儿也不例外。这个男孩儿在女孩儿笑出眼泪时，盯着对方说："你笑起来真美。"而这时，女孩儿因为笑出了眼泪，睫毛膏糊了双眼，正在忙着擦。听了他的这句话，女孩儿半天没说话。出了电影院，女孩儿就不再见他了。

这个男孩儿之所以前后两次赞美女孩儿的结果大相径庭，就在于他对赞美的时机把握得不好。初次见面，女孩儿经过精心打扮，他夸赞对方美丽，自然是名正言顺。第二次赞美女孩儿恰好是在对方比较狼狈的时候，他此时赞美对方真美，就会令对方感觉这个男孩儿是在讽刺她，自然就有了后来"散伙"的后果。

赞美虽然动听，但并非随时可用，只有在恰当的时机运用，方能达到最佳效果，否则只会适得其反。

其次，赞美要注意方法。赞美用得恰到好处，效果才能好，但如果不注意方法，就会令对方感到尴尬，或令对方一头雾水，无所适从。所谓的方法就是要因人而异，抓准赞美的中心点。比如，当你的朋友不停地向你展示其男友（或女友）的照片时，你就要赞美其男友（或女友）帅气（或漂亮）；当一个妈妈和你聊天时不停地说着自己的孩子，那你就要赞美其孩子聪明可爱；当一个客户不停地在你面前说他的销售业绩时，你就要夸其能力强。这样的赞美因为抓住了对方心中在意之处，就会让他们感到实实在在的开心，并因为满足了他们被赞美的渴望而给你加分，赢得对方的好感。当然了，要做到这一点，你还要多多提升自己察言观色的能力。

再次，赞美还要注意程度，要适可而止，不可过分夸大。赞美的确可以让对方心情愉悦，但倘若没能掌握好分寸，太过露骨，那么就会惹人讨厌。有时，就算是一句简单的赞美，如果过分夸张，也会招来对方的反感，结果适得其反。为避免出现这样的情况,在赞美他人时,一要实事求是,真情实意,绝不乱给别人戴高帽子;二要因人而异,恰当赞美,不能一句赞美的话包打天下;三要善于抓住对方微小之处加以赞美,以小见大,这样更能提升赞美的效果。

PART 3

吸引注意力,让沟通的天平倾向你

在人际沟通中,要想让沟通的天平倾向你,首先就要将对方的注意力集中到你的身上。一旦将对方的注意力吸引到你的身上,那么你们之间的关系就会改变,气氛良好的沟通就开始了。

先声夺人，用好声音抓住对方的耳朵

一个人说话声音是否好听，在人际交往中往往起着举足轻重的作用。因此在决定第一印象的要素中，声音占有不可忽视的一席之地。

心理学上有一个尽人皆知的第一印象效应，它是指最初接触到的信息所形成的印象对人们以后的行为活动和评价都会造成影响。一般来说，影响第一印象的主要因素是性别、年龄、衣着、面部表情等，但在通常情况下，一个人的体态、姿势、谈吐等在一定程度上影响着第一印象。其中，一个人给人的第一印象大约有百分之四十与声音有关，说话的音调、语气、语速、节奏等都影响着第一印象的形成。

《红楼梦》中的王熙凤就是一个社交高手，她做事八面玲珑，能把上下左右的人都哄得十分开心。她高超的人际沟通能力在第一次与林黛玉见面时就通过声音表现了出来。如书中所写，当大家都在和黛玉说话时，凤姐的笑声老远便传了过来："我来晚了，不曾迎接贵客！"未见其人，先闻其声，

PART 3
吸引注意力，让沟通的天平倾向你

林黛玉凭借这声音，就判定此人性格十分泼辣放肆，是个厉害的角色。

从《红楼梦》的这个情节中我们就可以知道，声音在人际交往中起着相当大的作用。同时，在决定第一印象的要素中，声音也占有不可忽视的一席之地。因为一个人唯有开口说话，他人才能对其产生更深的印象。倘若一个人的举止得体，说话声音也很动听，那么在人际沟通中就会更具人格魅力，与他人沟通也会更具优势。

意大利的一位知名演员，他声音独具魅力，甚至到了只要用他那悲切的声调"朗诵"阿拉伯数字就可以令台下听众潸然泪下的程度。原因就在于这位演员的声音抑扬顿挫、情绪饱满，令听众在欣赏的时候不知不觉就受到了感染。诺贝尔文学奖得主、英国前首相丘吉尔更是深谙声音在人际沟通中的作用。如果你听过他于1941年6月22日发表的关于第二次世界大战的演讲，你便会深有感触。如果我们只看这篇演讲稿，不会觉得有什么高超的地方，但配合上丘吉尔抑扬顿挫的声音，便产生了巨大的鼓舞作用。

倘若一个人不能依据沟通的环境需要调整自己的声音，使之在人际沟通中起到辅助作用，那么自己的声音就会在某种程度上对自己的个人形象产生负面影响，进而影响人际沟通的效果。

从事文职工作的秀秀性格文静腼腆，说话总是细声细气的。因为说话声音太小，除非不得已，老板一般不会让她招待客户。

一次，负责接待来客的小赵临时有事，恰逢老板要去招待一位女客户，于是不得不让秀秀来作陪。初次见面，女客户就以其爽朗的笑声和"干练"的谈吐给秀秀留下了深刻的印象。当然了，这也使得她在与其交谈时更加拘谨。看着周围的人都在热络地聊天，秀秀格外心急，特别想表达一下自己的欢迎之情。于是她努力提高自己的声音，没想到发出的声音还是如同私语。看着客户困惑不解的眼神，她感到特别不好意思。直至宴请结束，秀秀除了不断地请对方吃菜，再也说不出任何话来。

秀秀之所以没能在客户的心目中留下美好的印象，一方面是个性使然，另一方面也与其不能很好地依据情境和沟通需要调整自己的声音有关。声音在沟通之中有时候几乎可以充当人的第二张脸。

在人际沟通中，尤其是在陌生人相互沟通时，由于话不投机或不善表达,经常会出现冷场的情况。无论是交谈、聚会,还是议事、谈判,一旦这种情况发生,沟通的双方都会感到窘迫,进而陷入尴尬的境地。面对这样的情况,我们需要一些"破冰"的行为来消除尴尬。而"先声夺人"这种方法就可以产生"破冰"的效果。所谓"先声夺人",其实就是让对方感到"惊讶",进而吸引对方的注意,促进沟通持续进行下去。

如何运用"先声夺人"的方法,让对方感到"惊讶",进而吸引对方的注意力呢?

首先,我们要让自己的声音有吸引力。要想塑造完美的声音,首先就要认识到说话与发声是一门艺术,要讲究抑、扬、顿、挫,还要注意语速适中、强弱得当,同时还要语调和谐、富有感情、转折自然等。

我们该如何借助音调的变化来吸引别人呢?通常情况下,人们习惯于在讲话时保持同一个音调,这样做的结果就是在与他人沟通时,会让对方产生昏昏欲睡的感觉。如果是这样的情况,即使是再精彩的内容也达不到我们预期的沟通效果。因此在与他人沟通时,遇到需要强调的内容,我们就要稍微加重语气,还要注意将自己的情感与表达的内容结合在一起,让对方的心情随着我们的情感变化而变化。

其次,在沟通过程中要注意口齿清楚。一方面说话不能有太多的尾音,另一方面要注意每个音节之间要有恰当的停顿。一般来说,在面对面沟通中,声音过高会令对方心生反感,或是让对方认为你是在装腔作势,或是给对方留下粗俗无礼的印象;声音过低,一方面对方可能听不清楚,另一方面会让对方认为你过于怯懦。英国的研究者发现,讲话音调保持恰到好处的高度容易令人产生值得信赖的感觉。美国迈阿密大学的研究者也发现了类似的规律:讲话声调保持适度低沉,极易给人一种领导能力强的印象。

我们在与人交流时,一方面要依据与沟通者距离的远近,适当控制自己说话的音量,最好控制在可以让对方听清的限度之内;另一方面,在某些特殊情况下,还应依据不同的沟通对象调整自己声音的高低,以达到不同的沟通目的。

再次,要让自己的语速有一种有快有慢的音乐感。丘吉尔是一位具有高超演讲技巧的大师。他在一篇关于口才学的论文中指出,口头表达艺术主要有四大要素,而居于首位的正是说话的节奏。相关研究也表明,声音具有极强的情感性,既有内在的思想感情色彩分量,又有外在的高低、强弱、快

PART 3
吸引注意力,让沟通的天平倾向你

慢、虚实的声波形式。这些特点表现在平时人们说话的语调、语气中。因此在人际沟通中,交谈的双方常常会借助于声音的强弱、呼吸的急缓、音调的高低、节奏的快慢,甚至调动喉音的仿声等,形成各种氛围,或慷慨激昂,或激情振奋,或悲痛深沉,或压抑窒息……从而达到以声传情、影响对方情感的目的。

在通常情况下,我们在与他人沟通时,可以将主要的词句放慢速度以示强调,对一般的内容可以略微加快速度,这样就形成了语速的快慢变化。

倘若在沟通交流中没有声音节奏的变化,就会显得格外单调,沟通的对方会不由自主地感到压抑。另外,还要在说话时让自己的音量和音调随着所表达内容和情绪的变化而变换,或侃侃而谈,或慷慨激昂。在不同声音段里,要注意分出高潮、舒缓,要表达出高兴和忧虑的情感,以便引人入胜。

满足对方需求才能满足自己

人际沟通中,聪明的人会审时度势,依据客户的心情,针对其心理需求满足对方。只有在沟通中满足对方需求,才能满足自己的需求。

心理学家曾经做过一项实验:在前后两个时间段,分别在一个相同的电话亭里放入一枚10美分的硬币或不放任何硬币。电话亭内的人在不知道实验存在的情况下打完电话出来以后,实验组织者故意安排人抱着一堆书从这些人的面前经过,且故意让书掉在地上。结果,在电话亭内捡到钱的实验者中有近90%的人会主动帮忙捡书,而没有捡到钱的实验者中仅有5%的人会主动伸出援手。

这是心理学上的叫作好心情效应的实验。这一心理效应说明,相比于心情不好的时候,人们在心情好的时候常常更愿意主动帮助他人。在现实生活中,我们对此也有深刻的体会。当我们心情好的时候,看在眼里的一切事物都是美好的。由此我们会发现,在某人心情好的时候与其沟通,一些原本难

PART 3
吸引注意力，让沟通的天平倾向你

以解决的沟通问题会变得格外简单，甚至可以说是易如反掌。

相反，在一个人心情不好的时候与其沟通，有时不但不能解决问题，甚至原本自己没说任何不合适的话，对方也会莫名其妙地发火，让沟通难以进行，甚至完全无法沟通。

因此，在人际沟通中，聪明的人会审时度势，依据对方的心情，针对其心理需求满足对方。只有懂得在沟通中满足对方需求，才更有可能被对方满足。

大民是某公司的一名员工，人比较机灵，无论到哪里都能受到他人的注意和喜欢。一次，老板安排他去搞定一个客户。据说对方非常有钱，但极其难缠，轻易不会被人说服。老板承诺，如果大民可以说服这个人就给他升职。大民经过仔细思考并做足了功课，才去见了这个客户。

一见到这位客户，大民赶紧打招呼，想给对方留下一个好印象。结果这个客户只是随意点了点头，甚至未曾对他的拜访表示欢迎。大民却极有耐性，"自来熟"地介绍了自己后，随意地和对方聊了起来。聊着聊着，这位客户显得有些不耐烦了，甚至开始打哈欠。这时大民转换了话题："是不是到了您听评弹的时候了？"客户一听，来了兴趣，说："你怎么知道我喜欢听评弹？"大民笑着说："我看到您办公室里有我爸也喜欢的那位评弹名家的照片。我爸也喜欢听评弹，所以我也就多少了解一些。"

这句话吸引了客户，因为听评弹的确是他最大的爱好。顺着这个话题，两人接着聊了起来，而且越聊越投机。之后，大民在适当的时机说出了自己此行的目的，客户思考了一下，答应了他的请求。大民回公司后自然得以升职加薪。

在人际沟通中，我们会遇到不同类型的人，甚至遇到与自己"气场"不和的人，双方难免会心存芥蒂，话不投机。倘若由于无话可说而呆坐在那里，那么就连最基本的和谐的沟通氛围都无法创建，更不用说打破尴尬局面让彼此的关系获得进一步的发展，以至建立良好的合作关系了。此时，最好的解决问题的办法就是找到对方的兴趣点，从其感兴趣的话题入手，促其打开话匣子。如此一来，后面自然就会有更多的话题可谈。

满足对方的需求，简单地说就是投其所好，而我们要想投其所好，首先就要发现其心理需求。如何发现对方的心理需求，找到共同话题呢？想做到这一点，不妨用以下两个方法。

方法一：观察——发现对方心理需求的重要武器。

人本主义心理学家马斯洛的需要层次理论告诉我们，人的需求分为生理需求、安全需求、情感和归属需求、尊重需求和自我实现需求五个层次。其中，生理需求是指对水、食物、呼吸和睡眠等基本生存条件的需要；安全需求是指对人身安全、健康保障、工作职位保障和家庭安全等的需求；情感需求则包含了对亲情、爱情、友情的需要；尊重需求则指对成就、信心、被他人尊重和自我尊重的渴望；自我实现需求则指个体向上发展和充分运用自身才能、品质、能力倾向的需要。而任何人的内在需求都会借助于外在言行表现出来。所以，用心观察对方的外在言行，可以帮助我们发现对方的内在需求，进而搭建沟通的桥梁。

在家人的催促下，小琳和小亮在约定的地点见面了。在见面之前，小琳想象着二人见面时的尴尬场面，实在无法想象相亲会是怎样一种情形。约定的时间到了，小琳看到手拿一本杂志的小亮出现了。两个人先是如同面试一样自报家门，随后都沉默下来，默默地喝着咖啡。小琳想：就算是相亲，好歹也得说几句话，互相了解一下，就算不能成为恋人，也可以成为朋友吧。她看到对方手里的杂志，想了想，找了个话题，询问小亮在看什么杂志。

小亮回答说是一本旅游杂志。接着，他一边将杂志递给小琳,一边介绍着杂志的内容和特色。小琳顺手接过杂志,问小亮是不是喜欢旅行。结果小亮打开了话匣子,开始滔滔不绝地谈论起自己去过的地方;而小琳适时的发问,让小亮的谈兴越来越浓。两个人从国内旅行谈到国外旅行,从旅行地的风土人情谈到各地美食,谈得无比畅快。等到分别时,二人已经相当熟络,如同相识已久的好朋友。

不能不说小琳是一个极其聪明的女孩儿,她由观察入手,发现了对方手中的杂志,进而想到了由此引出对方感兴趣的话题。试想,就算小亮拿着杂志仅是为了做样子,甚至对与书相关的话题不感兴趣,但围绕着书却可以延伸出众多社会生活方面的话题,其中必定有他感兴趣的一两样内容。如此一来,双方自然可以进行沟通,进而建立联系。

方法二:倾听——用心感受对方的心理需求。

言语是内心情感的流露,即便一个人对内心感受刻意加以隐藏,也会在一些词句间流露出来,因此与他人沟通时,学会倾听不失为一种发现对方心理需求的方法。每个人说话的风格不同,表现出来的个性特质也不同。

因此,通过倾听可以了解对方的性格,从而选择合适的语气和表达技巧与之沟通。台湾著名成功学家林道安曾经说过:"一个人不会说话,那是因为他不知道对方需要听什么样的话。假如你能像一个侦察兵一样看透对方的心理活动,你就知道说话的力量有多巨大了!"当然了,在倾听的同时,要注意对所获得的信息进行筛选,获取对自己有用的信息。会说话的人能听出说话者的话外之音,在了解对方的真实意图之后给以巧妙的回应。

设置悬念，让对方跟着你的思维走

设置悬念，可以让对方跟着你的思维走，帮助你在人际沟通中创设一种主动的沟通氛围，进而使交流朝着好的方向发展。

在人际沟通中，能够让他人跟着自己的思维走，是一种高超的实用智慧。有了这种智慧，说话办事都会变得十分顺利。

电话机的发明人贝尔，当年为了发明电话机，曾到处筹措资金。其中，投资人许拜特先生就是他的目标之一。但许拜特是一个脾气相当古怪的人，一向对电器行业投资不感兴趣，到底该怎么说服对方投资自己的事业呢？

聪明的贝尔来到许拜特先生家后，既没有和许拜特先生大谈特谈由电话这一新发明可以获得多少利益，也没有对其解释有关电话的科学理论。他到许拜特先生家里后没多久，就坐到客厅里的钢琴前弹起了琴。

弹着弹着，他突然停下来对许拜特先生说："倘若我将这

PART 3
吸引注意力，让沟通的天平倾向你

踏板踏下去，与此同时冲着钢琴发出一个声音，这架钢琴也会将我发出的声音重复唱出。像这样，我唱一个音，那么这架钢琴也会回应一声。有意思吧？"不明原理的许拜特先生被他的话所吸引，于是，接下来贝尔就极其详细地向他讲解了和音及复音电话机的原理。在谈话结束时，许拜特先生心甘情愿地为贝尔的实验提供了一部分经费。

贝尔在与许拜特先生沟通时就用了设置悬念的方式，激发对方的好奇心，进而促使许拜特先生对他和他的构想产生兴趣，进而耐心地听他讲解，最终达成沟通的目的。这就是设置悬念，让对方跟着你的思维走的沟通策略。它可以帮助我们在人际沟通中创设一种主动的沟通氛围，进而使交流顺利展开。

如何在人际沟通中设置悬念，让对方跟着我们的思维走呢？以下方法可供我们参考学习。

方法一：利用"登门槛效应"。

什么是"登门槛效应"？它是指通过先提出小要求，然后一步步地提出更多、更大的要求来达到自己最终目的的方法，它是求人办事、"操控"对方思维的常用手段之一。这种方法适用于那些极其难沟通且会刻意刁难对方的人。

让沟通直抵人心的六条路径

小王是一家净水器公司的推销员。当他将推销目标锁定在某公司时,他首先瞄准的是总裁办公室。要知道,如果总裁都用了自己公司的净水器,那么向全公司推广就不是什么大问题了。但是怎么才能让总裁使用自己公司的净水器却是一个大问题。不过,聪明的小王还是想到了一个办法。

他找到总裁办公室主任,向其介绍了自己公司的净水器的诸多好处。办公室主任在采购总裁使用的物品时,看重的不是价格,而是品质。不管小王说得多么好,他都是一副不感兴趣的样子。小王也没勉强,只是将自己公司包装精美的瓶装水打开一瓶,请主任试喝,随后又留下几瓶就离开了。此后的一段时间,小王会定期来到主任这里,为其送上一箱水试喝。一个月后,小王再来时,主任助理接待了他,向他订购了两台净水器。又过了一段时间,这位助理给小王打电话,陆续将公司办公室其他品牌的净水器都换成了小王公司的产品。

在这里,小王的行为就体现了登门槛效应。他主动引导他人的心理,一点一点地达成自己的最终目的。具体来说,在人际沟通中想要达到登门槛效应可以采用以下几种策略。

一是"6+1"法则。心理学研究证明,当一个人连续对6个问题给予肯定或否定的回答后,那么对接下来的第7个问题也会习惯性地给予肯定或否定的回答。这是由人脑的思维习惯决定的。因此，在人际沟通中，不妨提前预设6个非常简单、极易让对方表示赞同的问题，先以这6个问题为铺垫，最后再问一个最重要和关键的问题，这样对方常常会不由自主地点头说"是"。

二是借助封闭式问题来引导对方的思维。封闭式问题的答案常常是"是"或"否"、"有"或"无"等。这种答案的限制性，为我们预设答案提供了条件。在人际沟通中，我们不妨提前预设这类问题，然后在对方回答的过程中一步一步加以引导，从而有效地引导对方的思路。

方法二：激将法。

所谓激将法，就是通过激怒对方，使对方陷入不理智的情绪之中，然后被我们牵着鼻子走。这一方法适用于性情急躁、心直口快、喜欢感情用事的沟通对象。

弗洛伊德的精神分析学说认为，人的内心世界天生都存在一种逆反心理。因此有时一句话反着说，倒可以促使对方下决心。当然了，使用激将法时一定要注意言辞，讲究分寸，让人易于接受。使用激将法要对对方的性格有比较清楚的了解，看准对象、环境及条件，不能滥用。

方法三：借提示引导对方的思路。

作为一种语言模式，提示引导其实是影响对方的潜意识，从而令其不由自主地转移思路。此种语言模式的基本思路是：先对对方的身心状态加以描述，然后再引导对方的思路。其中"当……，你就会……"是标准的引导句式；其中，"当"后面描述的是对方的身心状态，"你就会"后面是引导对方进入的状态或思路。

方法四：运用目的架构式谈话引导对方的思路。

这种谈话方式在最初就明确告知对方沟通双方共同的目的，从而让对方的思路在最短的时间内被引向真正有价值、有利于解决问题的地方。比如你与一个人发生了争执，对方不依不饶，此时你就可以使用目的架构式谈话，问对方："请问你认为我们当下最重要的事情是解决问题呢，还是吵架呢？"这样一来，就将对方的思路引到了解决问题上，从而停止争吵。

方法五：幽默引导法。

在某些时候，我们想引导对方的思路跟着我们走，还需要借助幽默这一语言工具。运用幽默，可以让对方放松心情，使沟通气氛活跃起来，从而打破沟通的壁垒，让沟通局面豁然开朗。

抗日战争胜利后，著名国画大师张大千要从上海返回四川老家。临行前，他的学生设宴为他饯行，同时邀请了京剧名旦梅兰芳等社会名流出席。宴会伊始，张大千先生向梅兰芳敬酒说："梅先生，你是君子，我是小人，我先敬你一杯。"梅兰芳不解其意，忙含笑问："此作何解？"张大千先生笑着答道："你是君子——动口；我是小人——动手。"在场的宾客都对张大千先生的幽默报以掌声和笑声。

在这里，张大千先生就运用了幽默引导法，不但巧妙调节了谈话的气氛，而且还引导着与会宾客按其思路走，从而创设了和谐的沟通环境。

借助"心理错觉",抓住对方的喜好

借助"心理错觉"抓住对方的喜好,可以促成良好沟通的形成,实现说服对方的目的,达到良好的沟通效果。

小李和小王是同一家美容院的美容师,两人于同一年进入公司,但一年后,两人的业绩差距越来越大。小李很纳闷自己的业绩为什么不如小王,于是她细心观察小王的工作内容和工作过程,发现和自己的没什么差别。看到小李百思不得其解,老板笑着提醒她观察小王和顾客沟通的方式。这天,小王又在边做美容边与顾客沟通,小李在一旁听到了小王与顾客的对话。

小王:您的皮肤特别干,得注意使用对的产品。不然这样下去会影响妆容。

顾客:嗯,最近皮肤是比较干,可能是现在用的精华素效果不太好。

小王:您的皮肤原本就比较好,某品牌精华素对于这种换季干肤效果特别好,可以提升皮肤亮度,保护皮肤免受换季气候变化的影响。

顾客：你说的这款精华素有试用装吗？你帮我拿一点儿，我试下效果。

……

随后，小李看到小王为顾客试用了美容院新进的那款价格不菲的精华素。在试用后，小王不停地夸顾客的皮肤变亮了，变光滑了。而顾客对着小王拿来的镜子看了一会儿后，也认为自己的皮肤变好了，遂爽快地掏钱买了那款精华素。

小李明白了，原来小王巧妙地抓住了对方的喜好，引导顾客自己进行选择，不费吹灰之力就成功地推销了产品。

可以说，上面讲的美容师小王的沟通能力还是很强的，她之所以能成功地说服顾客购买产品，关键就在于对顾客心理的引导和把握。而这种沟通技巧背后的原理就是人的心理错觉。

何为心理错觉？要理解它，就要先理解什么是错觉。所谓错觉，就是在特定条件下产生的对客观事物的歪曲知觉，是一种心理现象。错觉大多是听者自己单方面的解释，或者是由于判断不当引起的。听者之所以歪曲对方的意思，也多半是因为其自己任意解释对方传达的信息导致的。

就人际沟通而言，心理错觉作为一种信息传递方式，是一种感知，其成败不取决于信息的传递者，而取决于信息的接受者。可以说，信息接受者对收到的信息的感知决定着沟通能否达成以及最终达成的是怎样的效果。

于信息发出者而言，无论你如何会说，说得多么漂亮，你都无法单方面实现沟通，原因就在于你只是使信息接受者可能或不可能感知到什么。而信息接受者能否感知、是否愿意感知以及感知到什么则由其自己决定。

正是由于这种信息接收者对沟通的决定作用，为错觉在人际沟通中发挥作用提供了用武之地。一般来说，在人际沟通中，心理错觉有时会导致误会的产生，进而影响沟通的效果。但换个角度来看，借助于心理错觉，还可以促成良好沟通的形成，实现说服对方的目的，达到良好的沟通效果。不过，这就需要我们在与他人沟通时学会利用对方的心理错觉，抓住对方的喜好。

我们知道，人们经常通过自己的喜好来判断事物，如果自己喜欢对方多一点儿，就会与之交流多一些，这就如同如果自己爱美就会接触更多的美体塑形产品一样。尽管我们清楚人们通过喜好来判断事物的做法是主观的，不过人无完人，

PART 3
吸引注意力，让沟通的天平倾向你

人的这种不完美性恰好可以成为达到良好沟通效果所借助的因素。因此不妨在人际沟通中利用心理错觉体察并抓住对方的喜好，达成良好的沟通效果。

在人际沟通中，让对方感觉到自己有选择权是说服他人的关键之一，因为人人都渴望获得自由选择权。为此，在与他人沟通的过程中，不妨采用引导对方心理的方法，让对方产生心理错觉，从而主动选择有利于己方的结果，进而达成目标。

这就需要我们在事情发展过程中提前预设环节，令对方产生心理错觉，促使其主动配合，并使其感到是自己做出的选择。如此一来，不但事情很容易成功，而且可以使对方轻松接受你的意见、想法，甚至会对你产生好感，进而在沟通中主动配合你。在这样的情况下，你必定会取得沟通的成功。

小高是某机床厂的销售员，最近一段时间一直在与一位客户沟通。对方有意购买小高公司新开发的机器。但由于新产品价格过高，对方一直在犹豫。小高曾试图向对方推荐本厂的第二代产品，一方面于自己的公司而言，可以减少库存，实现资金回流；另一方面于对方而言，并不影响其使用，且价钱上便宜了三分之一。不过，与小高沟通的那位客户仍有些犹豫，担心采购的不是最新产品，会影响使用效果。

双方的沟通已经进行了相当长一段时间,小高觉得不能再这样拖下去了:时间一长,中间如果出现新的波折,会直接导致交易中止。于是小高决定利用对方的心理错觉,让对方主动选择自己公司的第二代产品,结束这无休止的谈判。

为了让客户的心理放松下来,小高又一次带着对方来到公司的产品展示厅,参观了公司的第三代产品和第二代产品,并请相关人员为客户介绍产品的具体功能。在此过程中,小高不断地询问相关人员第二代产品的一些优良性能,但并不给客户提任何建议。

参观结束后,小高故意给此前购买了第二代产品的一个客户打电话,询问对方机器使用得怎么样,还故意提高声音说:"李总,您这次可是拣了个大漏。产品性能没的说,价钱上却便宜了三分之一。您就偷着乐吧。"结果等小高放下电话,那位原本犹豫不决的客户立刻就签了合同,买了5台第二代产品。小高恭喜对方说:"您真是太聪明了,难怪生意做得这么大。"

在这里,小高就巧妙地利用了客户的心理错觉,不断地让客户感觉人们都喜欢自己公司的第二代产品,进而让对方主动选择订购第二代产品,从而达到销售目的。

PART 3
吸引注意力，让沟通的天平倾向你

承诺一致，激发他人的主动性

心理暗示是一种引导武器，深深地扎根于人的内心，可以无声无息地指引个体的行动，从而让个体的行为与其内在的意愿保持一致，并且与自我承诺一致，可以激发他人的主动性。

女记者帕兰想采访当地一位极具影响力的人物，请他就海洋动物保护问题发表15分钟的广播讲话，以号召人们重视保护海洋生物。不过这位重要人物特别忙，于他而言，15分钟的采访是一个相当难实现的目标。帕兰面对可能会被拒绝的现实，不断思考解决办法。

几经思考，帕兰先是给这位大人物打了个电话："很抱歉打扰您。相信您对海洋动物保护这一问题也是相当重视和理解的，因此请您接受我们大约3分钟的采访。为了不影响您的工作，我是否可以在您今天下午到户外散步时去拜访您？"

因为只是3分钟的采访，而且是在自己散步时进行，于是那位大人物就答应了她这个小要求。帕兰如约前往，并于当天下午4点对那位大人物进行了3分钟的采访。几天后，帕兰再次约对方就海洋动物保护问题进行了一次20分钟的访谈。这位重要人物在略加犹豫后也同意了。

结果，帕兰前后对这个人进行了整整23分钟的采访，随后将这23分钟的采访编成了15分钟的广播讲话。

在现实生活中，我们会发现，相当多的人在身处困境时为了获得他人的帮助，会寻找各种理由说服对方，结果却常常被拒之门外。而有些人在有求于他人的时候，却会相当顺利，甚至会得到他人自愿的帮忙。其原因就在于后者深谙人的心理，能够轻松激发他人的主动性。

所谓承诺一致就是指人一旦作出了一个选择或采取了某种立场，就会马上遭遇来自内心和外部的压力，这会迫使其必须按照此前承诺的那样做事。为此，这个人还会想方设法地用行动证明自己此前所作决定的正确性。这一原理是由社会心理学家乔纳森·弗雷德曼和斯科特·弗雷泽经过实验发现的。

当时，这两位社会心理学家先请研究人员假扮成义工依次拜访一个居民区的76户居民，向他们展示一个写着"做安全司机"的小牌子，并请求他们将其竖在门前。由于这个要求如此微不足道，居民们很轻易就答应了。

两周后，研究人员又以义工的身份向同一居民区的每户居民提出将一块写着"小心驾驶"的公共广告牌竖在他们门前的草地上。他们先向居民们出示了广告牌的效果图，效果图里，写着"小心驾驶"四个字的巨大广告牌将一栋漂亮的房子遮得严严实实。结果，这一居民区的其他83户居民都拒绝了这个要求，而此前同意竖立小广告牌的76户居民大都表示同意。

此后，研究者又在那83户居民身上做了一个大同小异的实验。他们请这些居民在一个"让加州保持它的美丽"的请愿书上签名，结果差不多每一个人都签了名。两周后，研究者又派了一个新的"义工"去这些居民家里，又一次提出竖立巨幅广告牌的要求，结果原来反对的居民中有差不多一半的人答应了。

弗雷德曼和弗雷泽经过深入研究最终发现，导致原来持反对意见的居民改变态度的原因，就在于他们在美化环境的请愿书上签名的举动让他们在内心产生了按市民公约办事、充满公德心的心理暗示，进而感觉拒绝竖立展示"安全驾驶"的大牌子会让自己的行为与其刚形成的自我形象不一致，于是他们为了获得内在要求与行为的一致性，就答应了原来拒绝的请求。

由此可见，在生活中，一个人一旦作出了某种承诺，总是会不可避免地受到一种强大力量的指引，这种力量有时候会促使其不假思索地按照先前的承诺去做。这就是心理暗示的力量，这种力量会成为一种引导武器，深深地扎根于人的内心，于无声无息中指引个体的行动，从而让个体的行为与其内在意愿保持一致。而一旦个体的行为与其内在要求不能保持一致，个体就会立刻受到来自内心和外部的压力，进而不由自主地设法让自己履行此前的承诺。

在人际沟通中，巧妙地运用承诺一致原则，可以让我们成功地激发他人的主动性，进而增强说服力，实现沟通的目标。

杰克的小气让妻子吉娜特别无奈。对于吉娜，这个与他一起生活了十多年的妻子，杰克一向要求严格，轻易不给吉娜买新衣服。看着周围的朋友不时更换新衣，吉娜颇为眼红。后来，朋友给她出了一个主意，吉娜采用这个方法后，发现杰克竟然主动为自己买衣服了。

过几天是吉娜的生日，她提前和杰克商量，请他为自己买一枝花，以示祝贺。同时，吉娜告诉杰克，买花是爱的表达，而送自己花可以体现一个男人对自己妻子的尊重和爱。

对于这个小小的要求，杰克直接就接受了。

生日当天，杰克果然送了吉娜一枝花。吉娜很高兴，将这枝花插到花瓶里，并向来祝贺其生日的朋友展示。半个月后，吉娜请求杰克为其买一条长裙，并说这条长裙是要在参加社区举办的活动时穿的。在这次活动中，主妇们都会展示自己最为美丽的一面，争相显示丈夫对自己的爱。杰克考虑了一下，为吉娜支付了购买长裙的费用。

在这里，吉娜让丈夫杰克为其购买衣服的方法就是利用了承诺一致原则。在此之前的买花强化了杰克爱妻子的好丈夫形象，杰克在其内心许下了愿意为妻子花钱以表示爱的一种承诺，此后这种心理自然就激发了他为吉娜买长裙的行为。

吉娜运用承诺一致原则激发杰克主动性的事例还提示我们，在人际沟通中，运用这一原则激发他人的主动性，要注意从小到大，循序渐进。在向对方提出要求时，最初可以让对方作出一个小小的承诺，一旦对方实现承诺后，再将自己真正的意图说明，从而提升成功的概率。

利用从众效应，让对方认同你

在人际沟通中，巧妙地利用从众效应可以提升沟通效果，促使对方认同你的观点或看法，进而达到你的目的。

1820年，大歌剧开始盛行，两个精明的商人索通和波歇成了它忠实的观众。这两个人在观看大歌剧的时候，感受到观众的掌声对歌者的促进作用，于是萌发灵感，成立了"喜剧成功保险公司"，以经营观众的掌声——以为表演者捧场为目的。

这家公司的服务对象是那些希望得到观众欣赏和认可的歌剧演员及剧院经理，他们可以借此激发观众的真实掌声。此项服务一经推出就在各大歌剧院引起了强烈的反响。

到1830年，捧场已经成为一种极其普遍的现象。而且随着这项业务的逐步发展，其后的经营者还把其服务项目慢慢扩大，添加了诸如喝彩声、叫好声、"再来一个"的要求声等。

可以说，这个事例相当形象地说明了他人的认同对当事人的鼓励作用，也说明了心理学中从众效应的巨大作用。

何为从众效应？从众效应，也称乐队花车效应，即通常人们所说的"随大流"，是指当个体受到群体的影响（引导或压力），会怀疑并改变自己原有的观点、判断和行为，朝着与群体大多数人一致的方向变化。也就是说，个体受到群体的影响而怀疑、改变自己原本的观点、判断和行为等，以和他人保持一致。

可以说，从众效应是建立在人们期望获得他人认可的心理之上的，而这种心理是人们普遍具有的。心理学家经过研究发现，人类社会存在三种主要的群体：一是崇拜性群体，即你希望加入的群体；二是联合性群体，即与你有相同理想和价值观的群体；三是疏远性群体，即你不想加入的群体。而人是社会动物，有寻求归属感的强烈心理需要，因此成为前两种群体中的一员就成为人类的一种强烈的心理驱动力。在追求这一目标的过程中，巧妙地利用共识暗示的作用，就可以形成从众效应，进而在人际沟通中令对方认同你。

学生李明学习态度一向不端正，班主任毛老师为此伤透了脑筋。后来，毛老师经过观察，发现李明在课堂上参加小组活动时比较能用心学习，但小组活动一结束，他就故态复萌了。由此毛老师想到了一个办法。他和李明沟通，强调学习的重要性，而且告诉李明，班里要进行小组合作学习，他被分到了A组。A组其他几个同学都是班里学习比较认真且进步较大的，相信他也可以成为A组中的一名优秀成员。此后，李明在A组果然认真学习，很快学习就有了进步。

在这里，毛老师对李明运用的就是从众效应的激励作用，满足了李明的群体归属感，进而激发其向群体标准靠近的动机，从而促其提升自己，达到了沟通的目的。

在生活中，每个人都有不同程度的从众倾向，总是倾向于采取大多数人的想法或态度，以此证明自己并不孤立于群体。因此在人际沟通中，巧妙地利用从众效应可以提升沟通效果，促使对方认同你的观点或看法，进而达到你的目的。

首先，对于那些不清楚自己应该怎么做的人，不妨运用从众效应，引导其认同你的观点。这就是说，你在与其沟通时，要巧妙地说明身边其他人是怎么做的，以此发挥"从众"的力量，让对方不知不觉地顺着你的思路思考问题。这样做时要格外注意，你所说的"其他人"越明确，说服效果会越好。

朱蔓是一名房产经纪人，在她工作的房地产中介公司，她的业绩总是遥遥领先。很多同事对她是"羡慕嫉妒恨"，但没办法，她总能想到办法让客户掏钱买房。比如有一次，一对夫妇看中了一套二手房，但一直在犹豫，拿不定主意。朱蔓接手这笔生意之后，三言两语就让他们下决心办了手续。后来朋友问她是怎么劝说那对夫妇的，朱蔓笑着说，自己为了说服这对夫妻，也是下了很大功夫的。

她首先查了这对夫妻要买的这套二手房所在小区的住户信息，了解到他们的两个同事刚买了这个小区的房子，所以她在劝说那对夫妇时就将这个信息透露给他们，说"前几天你们的同事就买了这个小区的房子，现在正在装修呢"，于是这对正在犹豫的夫妻就爽快地付了款。

在这里，朱蔓就运用了从众效应，而且注意寻找了"众"与"从"的相似之处——同一个单位，进而利用这种从众效应使客户下定决心购房。

其次，在运用从众效应时，要注意突出"众"的特点，以强调从众的益处，从而让对方心甘情愿认同你的看法，达到成功说服和引导的目的。

20世纪50年代，电视还是新鲜事物，很多人对它非常好奇，却因为价格昂贵而不舍得购买。因此，当时的电视机销售人员要卖出一台电视机相当困难。不过，美国一家电器商店却成功地因为销售电视机而红火起来。

这家商店的老板在得知一个顾客为是否购买电视机而犹豫之后，不是力劝这名顾客马上将电视机买下来，而是建议他先将电视机搬回家免费试看。这位顾客接受了商店老板的提议，将电视机搬回了家。这家商店的老板亲自带人去为其安装，在这位顾客家的屋顶上竖起了天线。安装时的动静很大，差不多整个社区的人都被惊动了。在安装过程中，邻居们纷纷询问这位顾客电视机的价格，询问工作人员安装电视机的相关事项。

由于这位顾客是整个街区第一个拥有电视机的人，所以邻居们纷纷到他家中看电视。而在邻居们到这位顾客家中看电视的第二天，这位顾客便毫不犹豫地将电视机买了下来。在他的带动下，他的邻居陆续购买了电视机。于是，这家电器商店的电视机销售渐渐地红火了起来。

这家电器商店的老板在说服顾客购买电视机时就运用了从众效应，既让顾客体验了产品的优点，也让潜在的顾客充分认识到电视机的好处，进而主动购买电视机。

PART 3
吸引注意力，让沟通的天平倾向你

取悦于人，沟通才能得心应手

在人际交往中，适时给予对方赞美，取悦对方，可以让你成为一个有同情心、有理解力、有吸引力的人，从而有利于与他人顺畅沟通。

良好的人际交往能力是建立在自我接纳与接纳他人、自信与互信等积极的人生态度基础上的，除此之外还要宽以待人、善于欣赏和赞美，会换位思考，同时还要具备良好的倾听、表达和处理冲突的能力。在人际沟通中，能够适时地取悦对方是一项高超的沟通技能，它可以很好地促进双方的沟通。

我的朋友小燕是一个特别受欢迎的人，我发现她最擅长的就是赞美他人。记得有一次我们俩结伴去外地旅游，搭上出租车后，小燕一路与司机聊天，不时地夸赞司机熟悉道路，而对方也相当愉快地和她交流，还将当地的一些特色小吃和景点介绍给她。临下车前，小燕笑着感谢司机，并说:"您开车特别平稳,坐您的车格外舒适。"司机高兴地笑了,并祝我们旅途愉快。我问小燕为什么要那么说,小燕说她只是想让自己去过的地方多点儿人情味。这是因为一个具有人情味儿的地方才会让她难忘,并享受身在其间的快乐。后来,我尝试像小燕一样,发现他人的长处,并给予对方适时的赞美,结果发现自己的人际关系变得好了很多。

心理学研究发现,人性都有一个共同的"弱点",即每个人都喜欢别人的赞美。心理学家威廉·杰姆斯说:"人性最深层的需要就是渴望别人欣赏。"因此,在人际交往中,适时给予对方赞美,取悦对方,可以让你成为一个有同情心、有理解力、有吸引力的人,从而有利于与他人顺畅沟通。所以,在我看来,赞美不失为一种取悦对方的沟通方法,而且是一种极其好用的沟通方法。

当然了,要发挥赞美取悦他人,进而影响人际沟通的作用,还要注意赞美的使用方法。须知,赞美倘若运用得不恰当,不但会适得其反,甚至可能"费力不讨好",进而使人际关系恶化。

正所谓水能载舟亦能覆舟,赞美他人并非易事,要让恰当的赞美之词成为人际关系的润滑剂,令你与他人关系融洽,给你和他人带来美好的心境,就要从以下几方面着手。

第一,赞美的态度要真诚。要想用赞美取悦对方,首先就要端正赞美的态度,要明确赞美的宗旨是给予对方尊重和鼓励,创造友好的沟通气氛。因此在赞美对方时一定要真心,诚恳,措辞适当。赞美对方的次数不能过于频繁,太过频繁就会显得过于圆滑世故,会让人不喜欢。

第二,要选好赞美的出发点。要给予对方恰如其分的赞美。这就要求根据沟通对象的年龄、身份以及你与对方的关系和时间、地点等给予对方恰当的赞美。比如对年长的人,可以赞美他身体、经验、知识、地位等方面的良好情况;对于同龄人则要针对其精力、才干、业绩和风度等方面进行赞美;对于初次见面的人,可以侧重于赞美其可见的外表或已知的实绩。

在公共场合赞美他人时,要注意赞美那些有目共睹的良好品德、行为、外表;如果到他人家中做客,可以赞美主人的子女、居室布置或主人的烹调手艺。总之,除了对对方的忌讳和隐私要予以回避,其他一切均可以成为赞美的对象。

第三，赞美的方法不妨巧妙些。一般来说，赞美可以分为当面赞美和背后赞美两种，也可以分为直接赞美和间接赞美两种。在通常情况下，当面赞美的尺度不太好把握，一旦处理不好会适得其反。相反，背后赞美则可以避免这些问题，所以不妨多多采用背后赞美的方法；而且这种赞美方法就算是夸张一些，也不会让对方感到厌恶。因此可以说，背后赞美是最有效的赞美。

比如小说《红楼梦》中，史湘云和薛宝钗都曾劝贾宝玉做官，贾宝玉对此特别反感。甚至有一次，当史湘云又劝他多结交为官的朋友时，他生气地当着史湘云和袭人的面说："林姑娘从来没有说过这些混账话！要是她说这些混账话，我早和她生分了。"这就是对林黛玉的赞美。这样的赞美显得格外真诚，也更能感动人。也无怪乎凑巧听到此话的林黛玉又惊又喜，又悲又叹。

采用背后赞美的方式比较灵活，无须刻意而为，直接夸赞就可以了。比如去做客时，可以当着男主人或其他客人的面夸女主人的厨艺好。总之，赞美之语无论是直接说出来还是间接说出来，被传到被赞美者的耳中时，均会产生良好的效果，令其内心产生愉悦感，进而使得双方的关系

PART 3
吸引注意力,让沟通的天平倾向你

更加融洽。

除了背后赞美,我们也可以采用直接赞美和间接赞美。像前面所说的背后赞美既可以用直接赞美的方式,也可以用间接赞美的方式。直接赞美是最常见的赞美,这种赞美可以当着对方的面用极其明确具体的语言微笑着赞美对方的行为、能力、外表或其拥有的物品。最好在直接赞美之后,借助一个问题将其与要谈的内容衔接起来,这样不但能提升赞美的效果,也更显得自然。比如说:"你的皮肤真好。你是怎么做到的?"

间接赞美是比较含蓄的赞美,也就是不用言语,而是用眼神、动作、行为等向对方暗示自己对对方的赞赏。比如当对方表达某种观点时微笑点头、向对方示意就是一种间接赞美。

第四,要使赞美达到促进沟通、取悦他人的目的,还可以采用预先赞美的方式。这种方式适用于沟通的一方有较强的自尊心和一定的领悟力的情况。这样的赞美方式可以激发对方的自尊心,不但可以避免其向着与你期望的相反方向发展,而且可以鼓励对方向着你所希望的方向发展。比如在表达对下属的希望时,可以说:"我很欣赏你的工作效率和时间观念……那么咱们就说定了，明天下午一点不见不散。"

第五，借题发挥赞美对方。一般来说，在赞美他人时，有时还可以选择适当的话题，借题发挥赞美对方。而这种赞美本身并非为了交际，而是为双方进一步交往创造融洽的气氛。林可是一名女大学生，她利用暑假在一个化妆品专柜当促销员。在此期间，她很注意通过一些关键点来赞美顾客，推销产品。这天，林可向一位女士推荐化妆品时，对方最初相当抵触，说自己习惯使用某品牌的化妆品，对林可介绍的化妆品无动于衷。后来，林可突然发现她提着的包是某品牌的限量款。于是，林可非常自然地夸她的包真漂亮，并问她："这个包真漂亮，很贵吧？"这位女士露出很得意的神情，说包是自己到欧洲旅游时买的。

然后两人就奢侈品展开话题，林可顺势点明自己所售的这套化妆品的确有点儿贵，但其定位的目标消费者就是像这位女士这样的有品位的人。于是这位女士最后毫不犹豫地买下了林可推荐的化妆品，还让林可以后有好的产品及时向她推荐。

总之，在用赞美的方式取悦对方时，除了要科学运用上

PART 3
吸引注意力,让沟通的天平倾向你

面讲到的赞美方法,还要注意在赞美他人的时候语气要恳切,以增强可信度;注意场合,不令旁边的人难堪;措辞要精当,不使对方误解;掌握好分寸,不要弄巧成拙。

PART 4

用联想不动声色地影响他人

成功者改造和影响他人,平庸者适应和服从他人。高明的沟通者能于不动声色中影响他人,抓住对方的需求点,细心观察,巧妙发挥语言的力量,让对方主动做出改变。

让沟通直抵人心的六条路径

抓住需求点,让沟通直抵人心

把话说到对方心坎上的人,其高明之处就在于抓住了对方的需求点,从对方的角度出发,为对方着想,以对方的利益为起点,让对方明白所说事情对自己有利,进而主动做相应的事。

在人际交往中,最直接也最高效的沟通方式就是说话。说话是一件难事,也是一件易事。难是指有的人说话会将人说"生气",易是指有的人说话能把话说到对方的心坎上,能让对方笑,让对方心情舒畅,进而达到自己的目的。把话说到对方心坎上,这其实就是一种人际沟通技巧。

早年间,美国的芝加哥大学打算建造一座新的大楼,预算达上百万美元。校长哈伯经过几番思考,想到了一个解决问题的办法,那就是将手伸向芝加哥大富翁们的口袋,让他们掏钱。

这天中午,哈伯来到芝加哥电车公司。他走进总裁洛克菲勒的办公室,当时恰逢午休,洛克菲勒独自一人坐在办公

PART 4
用联想不动声色地影响他人

室里。哈伯主动做自我介绍，并为自己的不请自到而道歉。接下来，获得洛克菲勒许可后，哈伯坐下来开始谈人生的价值。他说每每坐电车时都会想到洛克菲勒，想到他赚了那么多的钱，最后走向未知世界的时候，却很快就会被人遗忘，不会在这个世界上留下任何痕迹。

他注意到洛克菲勒听到这里，露出了会心的微笑，知道自己把话说到了对方心坎上。于是接下来他告诉洛克菲勒，自己可以为他提供一个流芳百世的机会，那就是让芝加哥大学的一所新的大楼以洛克菲勒的名字来命名。

而他之所以想这样做，是因为他对洛克菲勒慕名已久，因此硬是从学校董事会的一位董事的手里抢过这个原本打算给洛克菲勒仇人的荣誉。最后，哈伯表示此事不急，洛克菲勒完全可以细加考虑，如果有意向就给他打电话，双方再谈。

随后，哈伯留下一张名片就离开了。当然了，后面的结果自然是意料中的，洛克菲勒不但打电话来请求面谈，而且主动签了一张100万美元的支票给哈伯。

在这个故事中，聪明的哈伯之所以可以达成所愿，就在于他能把话说到洛克菲勒的心坎上。这正是高明的人际沟通艺术，也是高效沟通的表现。现实生活中，我们人人都能用语言表达自己最直接的想法和情感与他人沟通，但未必人人都可以在沟通后达成所愿，其实原因就在于有没有把话说到对方的心坎上。

那些可以把话说到对方心坎上的人，其高明之处就在于把握了对方的需求点，从对方的角度出发，为对方着想，以对方的利益为起点，让对方明白事情对自己有利，进而主动做某件事。

美国心理学家P.H.古德曾提出，人际交往的成功与否，靠的是能否准确地把握别人的观点。后来人们把它称为古德定律。倘若在人际交往中，一个人一味地要求他人为自己做什么，而不关心对方在付出后的所得，那么沟通是无法获得成功的。

成功的沟通的前提就是进入对方的心扉，了解对方的需求点，让对方清楚帮助你的同时自己也会有所收益。如此一来，沟通自然会顺畅无比，进而获得成功。

那么，在人际沟通中，我们如何获得对方的需求点，进而把话说到对方心坎上呢？那就要站在对方的角度思考问题，认真观察和倾听，获取相应的信息之后再进行分析和判断。如此一来，就比较容易判断对方想要的是什么了。

PART 4
用联想不动声色地影响他人

首先,你要学会多观察、多问,要明白处处留心皆学问的道理。只要多留心,你就会发现对方的需求。尤其在与对方沟通时,许多时候,对方的需求就在其提出的问题里。比如对方质疑你的方案,认为既然这个方案好,为什么你不早说?那么这里就透露出一个信号:这个方案不是不能用,只是对方质疑方案出现的时间和可能产生的效果。那么你要做的就是介绍方案出现在这个时间节点的原因以及会带来怎样的效果,并在此期间观察对方,从而找到对方的需求点。

其次,你要找一些能产生共鸣的话题与对方交谈。在不断寻找共同的话题时,你会慢慢发现对方的喜好和禁忌,进而一步一步地找到对方的需求点。在寻找话题的过程中,要注意交谈中提问的方式。一般来说,刚开始尽量不要提开放式问题,一旦谈话偏离了你要寻找的主题,就要采用封闭性问题予以限制;而在谈话过程中发现对方出现了戒备或紧张心理,就要换成开放式问题。在这样的开放式问题和封闭式问题的交流中,你就会比较容易发现对方的需求点。

再次,要注意认真倾听。信息的获得,除了观察,还要认真倾听,在倾听的过程中筛选有用信息。双方交流时,要专注地倾听,不断思考,比较对方想法与自己想法的不同之处,但不要打断对方的讲话,并随时给予对方回应,顺着对方的思路发表自己的意见,从而让沟通保持友好的气氛。要注意的是,在对方谈论其他的事情时,要学会忽略过程而关注结论,只听取那些自己想听的或希望听的内容,以免被其他信息分散注意力,从而影响自己的判断。

实际上,在相当多的情况下,人际沟通障碍主要来自于我们不清楚对方内在的需求。因此,与他人沟通,一定要清楚对方想要的或者所期望的,在能满足的予以满足、不能满足的采取相应措施予以弥补的前提下再去沟通,自然就能获得沟通的成功。

总之,人与人之间之所以会出现矛盾,根本原因就是双方没有彼此理解。倘若你能站在对方的立场上思考其想要什么,针对对方最关心的事去做文章,再向对方提出请求,那么一般就会比较顺利地达到沟通的目的。

因此,相比于一味地请求对方让步,更高明的做法是设身处地地站在对方的角度思考问题,了解其意愿。须知,人人都渴望被尊重、被理解,当你能换位思考时,你就能真正体察对方所需,办起事来才会把力气用在关键处。

PART 4
用联想不动声色地影响他人

语言的力量，用语言引导对方的思想

擅长沟通的人仅需寥寥数语就能将对方说服，这恰恰就体现出语言的力量，也是高效沟通者的一种本领。

一位人类行为学家曾说过："人类有两种表情，一种是脸上所呈现的表情，另一种是说话时所传达给对方的信息。"语言能改变人的一生，能激励一个民族，也能让这个世界变得更加美好，其力量是非常巨大的。它不仅可以准确地表达一个人的想法，还可以帮助我们建立和谐的人际关系，给他人留下深刻的印象。

威利已经在公司工作三年了，除了来此工作后的第一年涨了一点儿工资之外，他的工资一直没任何变动。威利自认为平时工作认真踏实，而且自进入公司后他也为公司做出了不少贡献，联想到平时同事们谈论的老板的"吝啬"，他知道老板主动给自己加薪是不可能的。于是他决定主动找老板沟通，说服对方给自己加薪。

这天,威利获知公司上个月的销售结果出来了,整体业绩相当不错,老板这几天心情格外愉快,于是就找机会来到老板的办公室,找老板沟通。寒暄过后,威利先提出了希望加薪的要求,并说明了理由:

我进入公司已经三年多了,尽管并非老员工,不过我对公司的感情很深,一直将您的知遇之恩放在心里,为此我认真负责地工作,从没出过大的差错,甚至在某些方面还为公司的发展奉献了一点儿自己微薄的力量。我和女友相恋多年,加之我们年龄都大了,家里最近开始催促我们结婚。相信老板能理解,作为一个男人,我肯定要担起养家的重任,但现在我的经济条件的确不宽裕,所以希望总经理能给我增加工资。我知道公司的资金也很紧张,增加工资之后,我消除了后顾之忧,更能全心全意地工作,为公司带来更大的收益。

威利的这番话可谓入情入理,相当打动人,于是一向"吝啬"的老板相当痛快地给他加了薪。

我们一起来看威利在和老板沟通中是怎样发挥语言的力量的。首先,威利向老板表达了感恩之情,感谢对方的知遇之恩，这就是以情动人。随后，他话锋一转，委婉而明确地说出了自己在工作上做出的贡献，从而让老板认同其工作态度和工作价值，暗示老板为其加薪不但理所当然，而且会创造更多的价值。随后，威利再次以情动人，用自己身为男人的责任唤起老板的共情，将自己面临的经济压力说出来，从而让自己希望加薪的要求变得合情合理，再次打动老板。最后，他还用表决心的方式告诉老板，自己会更加努力地工作，从而为公司创造收益以回报老板的加薪。

威利的这段话不长，却极具技巧性，提要求让人听着舒服且合情合理，言辞恳切，打动人心，达到了攻心为上的效果。由此可见，高情商、擅沟通，是高效沟通者的一种本领。

由上面的这个案例，我们可以看到语言的力量之巨大。在人际沟通中，它不但可以拉近双方的距离，而且还可以引导对方的思想，从而使双方的意见最终达成一致。那么，语言为什么会有如此巨大的力量呢？

心理学家研究发现，人在使用任何一个字词的时候，都会立刻在内心中构建出一个相应的画面。比如说到"英雄"二字，无论是说者还是听者，均会下意识地在头脑中构建出一幅模糊的图像，如果能将其画下来，很可能是气宇轩昂的人物形象。因此，当一个人与他人沟通时真诚地说出"坚信我们可以很好地合作"时，双方内心会浮现出一幅友好和谐的画面，如此一来又怎么可能不影响到对方，让对方友好合作呢？

同时，人类语言还分为正面语言和负面语言两种，二者对行为造成的影响截然不同。正面语言会令人产生正面心像，负面语言会令人产生负面心像。因此，在与他人沟通时，使用那些极具正能量的语言会对对方产生极大的激励作用，从而促使其产生积极向上的力量，进而对双方的沟通产生正面影响。

当然了，当双方沟通出现瓶颈或分歧时，我们运用负面语言强调分歧或不能友好合作的后果，也同样会对对方内心产生负面影响，从而让其意识到存在分歧不友好合作的危害，进而驱使其避免不良后果的出现。

正是基于语言背后的心理力量，如果我们能恰当地运用语言，就可以发挥其巨大的引导力量，进而让沟通达到我们所期望的目的。那么，如何发挥语言对他人思想的引导作用呢？人际沟通中的"上堆下切"可以帮助我们。

何为"上堆下切"？它实际上指的是"上堆"和"下切"

PART 4
用联想不动声色地影响他人

两种方法。所谓"上堆",是指为了建立与对方一致的气氛,用含义更广的词语去暗示意义上的共通,因而允许对方和接受对方引导的一种语言表达技巧。因为"意义"存于一个人的潜意识里,是主观的,是无法用语言表述出来的,所以在语言层次方面取得意义上的一致时,对方会被带到新的思考方向上。所谓"下切",是指弄清楚对方话语的意思,或者是在说过的内容里提炼焦点,将其中的部分放大,就像用小镊子把内容的一些资料挑拣出来的语言表达技巧。介乎于这二者之间的语言技巧"平行"(或称"平移"),是指探索对方说话的意义,引导对方将注意力平移到有同样意义但形式不同的事物上,这种语言技巧可以使思想和生活更加丰富多彩。

此三者综合运用就完整地形成了"上堆下切"技巧,它可以从三个方向(即上、下、平行)扩展交谈内容的涵盖面,引导对方思想,使其上升到一个新高度,使谈话的内容更丰富、效果更理想。

上堆技巧的使用:一般来说,使用上堆技巧时要注意带入更大、更广泛的事物或意义,比如将对方做事情的动机寻找出来。例如,"你希望这次合作能达到怎样的程度"这样的上堆就可以促使对方向上积极思考,发挥引导作用。当然,当对方询问你时，你可以回答："我希望本次合作不但可以让我们互惠互利，而且可以为我们建立长期合作关系打下良好的基础。"这样的回答也给予对方以思想引导。

平行技巧的使用：如同生活中的平行现象一样，这一语言技巧的使用就是为了达到一种平和协调的作用，如对方谈到篮球，我们就可以谈高尔夫球；对方谈到飞机，我们就可以谈轮船。比如在同一个总是喜欢与别人争执的朋友沟通时，运用平行技巧，就可以说："你与别人争执是为了解决问题，而解决问题除了争执，还可以坐下来，一边喝着茶，一边慢慢地谈；或者一起运动后吃个饭，静静地聊。这些都是不错的沟通方式。"

下切技巧的使用：实际上，下切技巧就是将对方所说的话细化，在深层结构上具体分解其语言，从而深入其内心，找到所沟通问题的本质。比如在了解某种说法的具体事实时，你与一个朋友沟通，对方说："他就是故意给我小鞋穿。"那么你可以这样运用下切技巧：

你：他是怎么给你小鞋穿的？

朋友：他总说我做事马虎。

你：怎么表现出你的马虎的？

PART 4
用联想不动声色地影响他人

朋友：审稿总漏改错别字。

这样一分析，那么我们就相当于引导对方从抱怨他人回到寻找自己的问题所在，从而达到说服对方的目的。

总之，上堆下切法是我们在人际沟通中发挥语言引导作用的一个重要技巧，它可以帮助我们引导对方，使其思想上升至更具有意义、更抽象且众人认同的层面（上堆），或者引导其发现同等意义的其他选择（平行），抑或下降到所说的话中更细致的部分（下切），进而增强沟通效果。

正确的措辞比观点本身更重要

一个人在人际沟通中的措辞方式直接影响其人际关系，也影响其与他人沟通的效果。在人际沟通中，正确的措辞远远要比观点本身更为重要。

语言不但是沟通的关键要素，同时也是一门艺术。高情商的沟通者，能将相同的文字用不同的形式巧妙地表达出来，从而影响对方，增强自己的说服力，为双方的沟通助力。

苗刚毕业于一所师范大学，其智商之高是他周围的朋友公认的。但不知道为什么，其感情之路却颇多坎坷，连续谈了几个女朋友都以失败告终。最近结束的一段感情，令他格外受伤，因为这是他谈得时间最长的一段恋爱。对方和他分手的原因让他感到格外委屈，因为对方说他根本不懂得什么是爱。苗刚想不通：自己明明已经很努力了，但为什么还是分手了呢？有好友让他讲一讲他们交往时的细节。他说自己真是在用心对待那个女孩儿，比如想约对方看电影，问对方愿不愿意看电影；晚上约对方一起吃饭，问对方是否用他去接。遇到下班时间下雨，他说自己还会问对方是否带了伞。自己凡事倍加小心，一切看对方的心思，对方想做什么，他才去做。结果分手时，女孩儿却认为他之所以那样问，是因为他内心不愿意做。

听完他的叙述，我们便能明白苗刚失恋的原因了。那就是他不会正确地措辞，简单地说就是说话不"高级"。事实上，一个人在人际沟通中的措辞方式直接影响其人际关系，也影响其与他人沟通的效果。一些人大多数时候做事极其顺畅，就是因为他们情商高，会说话；在人际交往中会说话，能让原本平淡无奇的一句话产生奇妙的效果。

提到情商，大多数人都能说出个一二。情商是指人在情绪、情感、意志、耐受挫折能力等方面的品质。心理学研究表明，情商高的人一般都具有较高的与他人沟通的能力，他们性格外向，情绪比较正向，做事较投入，为人正直，富有同情心，情感生活较丰富且具有怡然自得的特点。

这种类型的人最突出的特点就是会体谅人，具有同理心，与他人相处时能换位思考。这种特点决定了他们在与人沟通时能站在尊重他人的立场上替对方考虑，从而让自己的言辞以对方为中心，基于对方的感受组织语言。

杰西卡一向以人缘好著称,家中的长辈都将她当作其他孩子学习的榜样。表妹达娅假期时被送到杰西卡身边,舅舅希望杰西卡可以教她一些为人处事的技巧。杰西卡告诉表妹,其实为人处事说起来"难也不难",最重要的就是要会说话。表妹不太明白,但在杰西卡身边待了一段时间后,达娅明白了她的意思。

达娅发现,杰西卡在与别人交谈时总是优先考虑对方的感受,比如她在与自己讨论问题表达自身观点的时候,经常会问"你认为呢"这个问题。还有,杰西卡与朋友在外面吃饭,她一般都会在点餐时笑着对朋友说:"这道菜我吃过,感觉还行,你们不妨也试一下。"

杰西卡在与客户沟通时,虽然也会很客气,但在措辞上却发生了微妙的变化。比如那天杰西卡在电话中与客户沟通,在介绍了方案后,她说:"这套方案相比 A 公司那套方案增加了……效果肯定更好。"而客户随后就同意了。达娅奇怪地问杰西卡,为什么客户那么快就同意了。杰西卡告诉达娅,A 公司是一家相当著名的公司,而这个客户一直都以 A 公司作为自己公司的标杆,所以她那样说其实就是在暗示和引导对方,从而让其接受自己的方案。达娅不由得暗叹表姐杰西卡

PART 4
用联想不动声色地影响他人

的情商之高、沟通能力之强。

诚如上面所说，要想在沟通过程中不动声色地影响对方，我们在沟通时的措辞就显得格外重要。那么，我们到底该如何措辞才能影响对方，进而达到预期的沟通效果呢？

方法一：投其所好。

"投其所好"这种方法在人际沟通中是一种最基本，同时也是最管用的措辞方式。当我们与他人沟通，需要说服对方采纳我们的意见时，生硬的强制性话语大多会引发对方的逆反心理，好的方法就是在无形中引导对方，让其主动作出选择。

例如现在你要向一个人推荐一本书，你不妨说："这本书我身边的许多朋友都读过了，在畅销书排行榜上排名很靠前。"看似非常简单的一句话，其实已经从多方面说明了那本书是经过很多人验证过的好书，那么此时对方的好奇心就会被激发出来，进而主动阅读这本书。可以说，相同的所要表达的内容，使用不同的措辞，对方的反应会完全不同。倘若我们能在沟通中准确理清对方的心理，然后采用"投其所好"的措辞方法，那么对方接受我们观点的概率就会非常大。

方法二：双向选择。

一般来说，面对两种选择，人们通常会选择感觉上更愿意接受的那种。所以在引导他人作有利于自己的选择时，不妨将其与难以达到的目标并列出现。那么，人在惯性心理的驱使下，一般都会选择自己预期的结果。比如你想让不爱劳动的孩子做家务，那么你可以问对方："扔垃圾和扫地，你选哪个？"面对这样的选择内容，对方一般都会选择较为轻松的扔垃圾。这样你便达到了让其做家务的目的。

方法三：情感落差。

所谓"情感落差"，就是将原本会令对方不快的事情变成令对方感到高兴的事情。比如生活中常见的爽约现象，一般会令对方不高兴，但倘若在与对方沟通时采用情感落差的方法，就会变不利为有利，让不快变为快乐。例如，你因故爽约，可以将"不好意思，我今天要去单位加班，不能赴你的约了"这样的表述换成"太让我生气了，单位突然要加班，但我更想赴你的约会"，如此一来，对方原来沮丧的心情会被得知你愿意与其约会后的愉快心情所取代，因为你爽约而产生的不愉快心情自然就会消失。

要注意的是，运用情感落差这一方法时，首先不能直接说出自己的想法，其次要注意揣摩对方的心理，根据其平时的表现，猜测其会对你的做法作出怎样的反应。最后在考虑对方利益的基础上组织你的语言,达到沟通的目的。

要提醒大家的是,与人沟通时,还要注意一些细节问题,尤其要注意不能使用那些尖刻、冷峻的语言,以免令别人感到被伤害,进而在无形之中为沟通设置障碍。一般来说,要注意慎用以下措辞。

一是居高临下的措辞。像"应该""必须""一定""你必须去""一定得答应我""你应该这样做"这类措辞,会给人以生硬、居高临下的压迫感,令对方产生抵触心理。最好把这样的措辞换成征询性的措辞,如"可以这样吗""我建议""我觉得"等,同时还要解释一下征询的原因,从而让对方乐于接受。

二是消极的具有心理暗示意味的词语,如"不得不"。这样的词语会给人一种说话者无可奈何的感觉,会让人感觉你自己没有生活主动权。所以不妨将这样的词语换成积极向上的词语,比如"我愿意"。这样一来,你要表达的意思没变化,但听者的心情却随之改变。

三是否定性的词语,如"不能""不可能""绝不"。此类词语会让对方产生被拒绝的感觉,如同当面将门关上,会令对方感到尴尬,伤害双方之间的感情。所以最好将其换成委婉的"可能不行""可能有困难"等词语来表达。

四是批评（拒绝）类的词语，如"闭嘴""讨厌""你别管"。此类生硬的措辞，一方面在拒绝中带着负面情绪，会伤害对方的感情；另一方面就算是玩笑话，也会听者有意。所以不妨用单纯表达个人感受和需要的词句来予以替代，如："我现在……能……吗？"也可以用表示感谢与提请求的词句来表达，如："谢谢……但我能……吗？"

总之，正确的措辞能让对方心情愉快，从而促进沟通正常进行，让人际关系变得更加和谐。

PART 4
用联想不动声色地影响他人

善用比喻，鲜活的形象才能打动人心

很多沟通高手在与人沟通时擅用比喻，不但启发沟通对象丰富的联想，而且在回话和表达中化难为易，让对方在明白的同时听从自己的建议。

其貌不扬的李达在医院特别受人欢迎，这让新来的医生小张格外迷惑。在医院这种技术当道的地方，这位医术一般的同事，不仅受到同事和患者的欢迎，而且领导也极为赏识他，原因何在呢？目睹了李达医生与一位患者家属的沟通之后，小张终于明白了李达医生受欢迎的原因：情商高，会说话。

那天，小张和李达医生刚查房结束，一个护士匆匆赶来，说一个患者家属和护士吵了起来，她担心事态扩大，请李达医生去救场。小张也和李达医生一起赶了过去。原来，那位患者是一个早产儿，由于平时家中照顾不周，导致其消化系统不太好。前两天患者因为胃肠问题入院，家长发现孩子的情况一直不见好转，便认为医生没用心治疗自己的孩子。当天早上，孩子呕吐，家属在心情焦躁之下便向护士发起了火。

　　李达医生赶到现场后，先是安抚了患儿的父母，然后请他们去医生办公室，说是边喝茶边商量解决方案。接下来，他以沏茶为喻，形象地说明了患儿胃肠问题形成的过程以及治疗是一个非常缓慢的过程。最后，李达医生告诉患儿家属，早产儿的成长过程就如同走山路，每一步旁边都是万丈深渊，危险重重，每一种情况的发生都有可能危及孩子的健康。

　　孩子的健康问题最主要还是得靠他自身去调节，这就像是开车，方向盘就在孩子手里握着，他自己起着主导作用。家长和医生只能从旁协助，这种协助就是给予孩子以心理上的支持以及医疗上的辅助。患儿的父母在理解了孩子消化系统疾病的治疗是一个非常缓慢的过程之后，心态也就平和了下来。

　　在李达医生与患儿父母沟通的过程中，小张一直在场，他自己这个专业医生竟然也被李达医生的讲解所吸引。现在他终于明白了李达医生受患者和家属欢迎的原因了，那就是他能将深奥的医学原理浅显化，通过生动的比喻来让患者家属快速明白复杂的医疗原理。

　　在人际沟通中，我们无法保证每一位沟通对象以及每一

PART 4
用联想不动声色地影响他人

种沟通内容都能为对方所理解,所以如何让对方理解我们所表达的内容就成了影响沟通成功与否的重要因素。比喻作为一种常用的修辞手法,它一方面可以让我们的语言更加形象化,另一方面也有利于对方快速理解我们的意思。使用比喻的方法把精辟的论述与摹形拟象的描绘糅合在一起,既能给人以哲理上的启示,又可给人以艺术上的美感,因此,它能让我们的话语和表达风趣幽默、生动形象,有助于创设轻松的沟通氛围,营造和谐的沟通空间,从而有利于良好沟通的达成。

很多沟通高手在与他人沟通时擅用比喻,将深奥的道理浅显化,将抽象化为具体,将生僻化为通俗,不但能启发沟通对象丰富的联想,而且还能在回话和表达中化难为易,让对方明白的同时听从自己的建议。

曾读过一个小故事,这个故事颇能说明比喻在人际沟通中的作用。某年轻漂亮的女孩儿在报纸的金融版面发出征婚启事:

本人25岁,非常漂亮,谈吐文雅,有品位,想嫁给年薪50万美元的人。或许你会说我贪心,但在纽约年薪100万才算是中产阶层人士,本人的要求实际上并不高。想请教各位一个问题：怎样才能嫁给你们这样的有钱人呢？我约会过的人中，最有钱的年薪也不过25万。

这条征婚启事发出去没过多久，一位华尔街的金融家便与其互动，回答了她的问题：

亲爱的，请让我以一个投资专家的身份对你的处境加以分析。本人年薪超过50万，符合你的择偶标准。不过，从生意人的角度来看，与你结婚是一个糟糕的经营决策。你说的实际上就是一笔简单的"财""貌"交易，不过此处有一个致命的问题，那就是你的美貌会消失，但我的钱却不会莫名减少。事实上，我的收入会逐年增加，而你无法做到一年比一年漂亮。套用经济学的理论，我是增值资产，你是贬值资产。借用华尔街术语，每笔交易都有一个仓位，跟你交往属于"交易仓位"，一旦价值下跌就要立即抛售，而不宜长期持有——也就是你想要的婚姻。听起来相当残忍，不过年薪能超过50万的人，都非傻瓜，所以我们不会与你结婚。因此我奉劝你不要苦苦寻找嫁给有钱人的方法，莫不如想办法把自己变成一个年薪50万的人。

PART 4
用联想不动声色地影响他人

在这里，金融家劝说美貌女孩儿时就采用了比喻的方法，将婚姻关系比作美貌与资产的关系，进而形象地说明了美貌与资产在时间上的不对等性，进而提升自己语言的说服力。

那么，在人际沟通中如何成功地运用比喻，以达到良好的沟通效果呢？

首先要明确本体和喻体。一般来说，使用比喻进行沟通，首先就要明确正面设喻的本体和喻体分别"是什么"和"像什么"，反面设喻的本体和喻体"不是什么""不像什么"，进而在运用中找到比喻的切入点。

其次要学会运用相应的技巧。人际沟通中运用好比喻要注意运用一些技巧。如巧妙运用对比，可以达到抬高对方，令对方心情愉快的作用。这其实就是一种巧妙的赞美技巧。这种赞美很容易衬托出对方的"优越性"，从而让对方心花怒放。

一个男孩儿经人介绍与一个女孩儿相识。二人见面后，男孩儿鼓足勇气邀请对方看电影。观影结束后，二人坐在公园里聊起了影片中的人物。女孩儿问男孩儿对影片中女主人公的看法。男孩儿称赞女主人公美丽、娴淑，夸女主人公是他见过的最完美的女性，她不但有着大大的眼睛、长而美丽的睫毛、小巧玲珑的鼻子和嘴巴,而且全身上下都洋溢着美妙的气息。欣赏她主演的影片真的是一种享受……而自己一直在现实生活中寻找这样的女孩儿,现在自己找到了。接着男孩儿看着女孩儿,深情地说:"我虽然也曾和几位女孩儿交往过,但都无法获得你给我带来的感觉,那是一种远远胜过影片中的女主角带给我的震撼之情。"听着他真诚而深情的表白,女孩儿不由自主地被他打动了。

总之,运用比喻的方法与人沟通,不仅可以给人以神奇的想象,而且能使自己的语言具有所向披靡的说服力。要想练就这样的口才,就要注意在平时的生活和工作中多多积累,与人沟通时提前做好准备。

重复：强化你最想让对方感知的内容

在沟通的过程中，适时重复是一种可以不断向对方传达自己对沟通内容的理解和重视的反馈，可以恰到好处地让对方意识到你对双方沟通内容的重视，进而让自己或对方抓住谈话的重点。

重复，是指根据表达需要使同一个词语或句子一再出现。而在人际沟通中，反复说同一内容或同一句话，可以强化所表达的信息，从而让对方明确你的目的。

前几天，门店主管向肖经理报告，在一位顾客对产品价格提出异议时，销售员小马出言讽刺顾客说"没钱就别买"，随之那位顾客与其发生争执，造成极坏影响。肖经理立刻停止小马的工作并与其谈话。据小马解释，那个顾客一连试了十几双鞋，最后好不容易选中一双，小马为他打了折，此时对方还想压价，甚至因为小马没为其"抹零"就声称不买了。

小马一气之下才说出了"没钱就别买"的话。肖经理告诉小马，他的心情自己也能理解，但"顾客就是上帝"，无论何时，顾客都是对的，服务人员必须和言悦色，礼貌相待。肖经理和小马谈了一个多小时，在交谈过程中，肖经理就"顾客就是上帝"这个中心信息多次重复，最终小马发自内心地认识到了自己的错误，接受了扣除她的季度奖金、调离门店、转到库房工作的处罚。

鉴于小马这件事影响了公司的形象，总公司要求肖经理严肃处理销售人员的工作纪律和工作态度问题，提高工作人员的服务意识。肖经理就服务质量和业绩之间的关系对工作人员进行了培训，而且分别与他们谈话，以示重视。在每次培训和谈话时，肖经理都会将"顾客就是上帝"这句话一再加以强调。尽管以前他也为大家进行过培训，但这次培训是肖经理反复强调服务意识最多的一次。一段时间过后，工作人员的服务态度明显提升，而"顾客就是上帝"也成为服务人员内心的一种信念。

在这个案例中，肖经理本人无论是在与小马进行单独沟通时，还是在与部门全体人员沟通时，都会反复强化"顾客就是上帝"这一信息，不断地重复这句话，从而起到了增强下属人员服务意识的作用。

由此可见，重复作为一种简单的语言表达方式和沟通手段，表面上看会让人感觉比较唠叨，容易引发他人的不满。但实际上，在人际沟通中，重复可以提高说服的效果，增强说服力。关于这一点，我们从电视广告可以看出来。电视中所有的广告都是按一定频率重复播放的，其目的就是在不知不觉中影响消费者。同时，重复还可以起到交叉传播的作用，也就是说倘若人们从不同渠道听到同一消息，那么就极易确信信息的真实性。

我们都知道，沟通是人与人之间传递和反馈思想与情感的过程，通过沟通，我们可以与他人达成思想上的一致和感情上的通畅，而反馈则是沟通成功必不可少的条件。所谓反馈，就是在沟通过程中对沟通对象所表述的观念、想法和要求给予态度上的回应，让对方明白自己当前的态度和想法。这种反馈，我们既可以主动寻求，也可以主动给予。

因为儿子肖恩的问题，彼得一早便赶到了教师办公室。年轻的女教师因为肖恩的违纪行为特别生气，因为肖恩已经创造了本班连续三次违纪的纪录。女教师郑重地向彼得陈述了学校的相关规章制度，强调肖恩的行为非常恶劣。

彼得耐心地倾听着，不时重复一下对方强调的内容，以示自己在认真倾听。女教师陈述完之后告诉彼得，如果肖恩下次再出现这种违纪行为,那么按照学校规定就得请他替肖恩再找新的学校。彼得真诚地向老师道歉,并强调自己明白肖恩的违纪行为不能再出现,保证回去之后一定会好好地教育肖恩。接着,彼得将老师强调的内容又逐条复述了一遍。看到老师点头确认,他才就如何纠正肖恩的不良行为与她沟通。

在这段家长与教师的沟通中我们可以看到,家长彼得充分利用了重复这一沟通技巧,适时重复教师所强调的内容,表现了自己对教师意见的充分重视,从而满足了对方的心理需求,在一定程度上减轻了教师对家长的意见,进而有利于双方进行良好的沟通。

在与人交谈的过程中,适当重复对方的话,不但可以增强自己的理解,体现对对方的尊重,还可以激发对方对谈话的兴趣,加深双方的交往,给人以信任感。那么,怎样让重复在人际沟通中发挥恰到好处的作用呢?

首先,认真倾听并关注重点。要注意在谈话过程中仔细倾听对方反复强调的地方。那些反复强调的地方就是对方关注的要点,也是沟通的目的所在。弄清楚对方关注的地方后,在对方的话告一段落时不妨将其关注的重点以简洁的语言总结出来并加以重复,以表明自己重视的态度。

其次，适时重复重点词语。在对方说话的衔接点，可以适时重复其中的重点词语，这样做一方面可表达自己对其所述内容的重视，另一方面也可以让双方的沟通融洽而顺畅，利于获得对方的信息。

再次，恰当地表达疑虑。在对方讲述的过程中，倘若对其所述内容存疑，也可以适时加以重复，一方面能突出自己倾听的态度认真，同时可借助这种适时的重复表达出自己的疑虑，从而提醒对方进一步加以解释，让沟通更顺畅。

当然了，适时重复在某些时候，特别是双方关系亲近且气氛比较融洽的时候，还可以产生幽默或反讽的效果，更有利于沟通。

察言观色,通过细节看透对方的意图

在人际交往中,要想达成沟通的目的,我们就必须学会察言观色。我们应根据对方的情绪、心情决定是否与其攀谈,这是一种十分有用的沟通技巧。

法国心理学家维奥德·加斯东曾说:"看懂对方心理,是一种最有效的捕获人心的方法。"这句话强调了看透人心之于人际沟通的重要性。而要看透人心,就要学会察言观色,通过细节看懂对方的意图。

晚上有世界杯直播,于是老姚习惯性地去老友家和他一起边喝啤酒边看直播。结果他一进门,就发现老友家里气氛很沉闷,老友铁青着脸,双眼圆睁,其妻子脸色苍白、眼皮红肿,而从前自己一来就会从房间走出来问好的孩子更是将房门关得紧紧的。老姚赶紧打了个招呼,说家里有事儿就离开了。后来老姚才知道,原来老友正读大学的孩子因为在学校违纪被开除了,自己去的时候,一家三口的情绪正处于低谷。

可以说,老姚就是一个懂得察言观色的人。倘若他不看朋友的脸色、不识趣地硬在对方家里看直播，不但无法开心地看球，说不定还会因此将多年的友情毁掉。

所谓"进门看脸色"，说的就是从沟通对象的面部表情获知对方的情绪，进而决定沟通的时机和内容。情绪是人类感觉、思想的一种综合心理和生理状态反应，它会直接诉诸非言语语言，借助神态和肢体表达出来。不同的情绪倾诉着不同的内在心理，不同的情绪会产生不同的面部表情。

心理学家扎德将人的面部由上到下划分为三个区域：额眉—鼻根区；眼—鼻颊区；口唇—下巴区。他认为人的面部表情主要是由这三个区域的活动构成的，意即这三个区域的活动都对应相应的情绪。愉快时，额眉—鼻根区放松，眉毛下降；眼—鼻颊区眼睛眯小，面颊上提，鼻面扩张；口唇—下巴区嘴角后收、上翘。这三个区域的肌肉运动组合起来就构成了笑的面部表情。可以说，在表现不同情绪时，对面部表情起主导作用的肌肉区域是各有不同的。如笑时嘴角会上翘，惊奇时眼和嘴会张大，悲哀时双眉和嘴角会自然下垂。

因此，在人际交往中，要想达成我们的沟通目的，就必须学会察言观色，根据对方的情绪、心情决定是否与其沟通。那么，我们到底该如何通过察言观色与人沟通呢？主要有以下两种方法。

方法一：在对方情绪饱满时沟通。

人的情绪有饱满期，也有低迷期。当一个人的情绪低迷时，他的思维就会显现出封闭的状态，心理上会带有一定的逆反性。这时，即使是最要好的朋友称颂他，他也可能不予理会，更何况是求他办事。而当一个人的情绪饱满时，其思维和心理状态正好与低迷期时相反，心情会前所未有的好，待人做事也会和颜悦色，而且愿意主动接受他人的求助，能原谅一般人的过错，当然也不会计较他人言语上的一些瑕疵。此时与其沟通，不但可以被温和、谦虚地对待，而且对方还可能在很大程度上接受自己的意见。所以，在与他人沟通时，不妨注意避开对方的情绪低迷期。

方法二：在对方有喜事时沟通。

正所谓"人逢喜事精神爽""精神愉快好办事"，当一个人有喜事降临的时候，便是与其沟通的最佳时机。所谓喜事临门，就是指发生了令对方高兴、愉快、振奋的事情。像工作中取得重大成果，获得一笔奖金，找到心仪的伴侣，远方的亲人来家中做客……这些可以令人感到愉悦的事情，均算得上喜事。在对方遇上喜事的时候，我们主动去找对方沟通，对方会因为好心情而不去计较一些我们的小错误。如果在这个时候我们再适时地表达一些对对方的祝贺，那么我们在此时的沟通就是受对方欢迎的，沟通便会取得令双方都满意的效果。

当然了，在沟通中我们还要注意察言观色，根据对方的脸色调整说话的节奏。例如我们去朋友家做客时，不能一味沉醉于交流之中，还要注意感知对方的神情和态度，从而获取一些信息。比如对方在交流过程中频频看表，那就表明对方可能有急事，那么我们就要做一个"知趣"的来访者，主动结束谈话，从而化解双方的尴尬。

再比如在交谈的过程中，尽管对方也在和我们交流，但明显心不在焉，那就说明对方可能心中有事。这个时候我们就要主动中止谈话。如果关系亲近，就直接询问对方，看看自己是否可以帮得上忙；如果关系不那么亲近，那就主动告辞，以便对方可以着手处理令其着急的事。这样一来，对方便会对你心存感激，同时也会心存内疚，从而为下一次沟通做好铺垫。

还有，在与人沟通的过程中，对方突然接到电话，那么我们就要及时中止交流，主动让对方先接电话，不能再依然故我地侃侃而谈，忽视对方的感受，令其为难。否则就会招致对方的反感，引发不良的沟通结果。

诚如一位心理学家曾经说过的："在世界的知识中，最需要学习的就是洞察他人。"在与他人交往的过程中，倘若会察言观色，并且留意对方的表情和神态，随时揣摩对方的心情，把控好沟通的节奏，做到适时、适度，不但可以达到沟通的目的，而且可以拥有良好的人际关系。

PART 4
用联想不动声色地影响他人

心存善意，让对方主动做出改变

在某些时候，当我们心存善意，将人往好处想时，我们的言行会改变对方，激发其利他行为，从而让其主动做出改变。

无论是在生活中还是在工作中，人与人之间因为思想不同、个性不同、脾气不同，看问题的角度会有所不同，自然就会导致分歧的出现，甚至偶尔会出现严重的冲突。这些都是非常正常的现象。我们在面对这样的分歧或冲突时，掌控好自己的情绪，学会用理想主义的心态去看待问题，这样做一方面可以让我们自己免受委屈，另一方面也可以让身边的朋友感到舒心。而要做到这一点，我们就应掌握高超的沟通技巧，巧妙地赋予冲突对方产生高贵动机的机会，从而唤起其利他的心理机制，使之主动做出改变。

露丝是一位刚毕业的大学生。为了节省生活开支，她打算找一间价格便宜并且包水电费用的房子租住。工夫不负有心人，几番努力过后，她还真找到了。这是一间空间狭小但地理位置还不错的房子。这房子之所以价格便宜,是因为房东太太为人十分挑剔。她不但对租客提出诸多限制使用水电的条件,而且一旦对方在租期不满前退租,房租的押金更是分文不退,就算是提前一个月告知或找到续租的人也不行。露丝想到自己当下的情况,还是毫不犹豫地租下了这间房子。

找到落脚的地方之后,露丝很快就找到了工作:收入虽然不高,但养活自己还是没有什么问题的。由于勤奋好学,加之吃苦耐劳,露丝很快就在工作岗位上崭露头角。不到半年时间,露丝就跳槽到了一家同行业薪资较高的公司,但新公司离她现在所租房子较远,搬家是必须的。接下来露丝要面对的问题就是与房东太太谈退租的事情。而就在几天前,她刚刚交付了一个季度的租金。

露丝在脑海中不断回忆着这半年相处中房东太太表现出来的个性,苦思与其沟通的方法。想好后,她买了些水果,敲响了房东太太家的门。她先试探性地对房东太太说:"阿姨,我知道您是一个处事公正的人,而且也是一个富有同情心的人。我现在因为工作变动不得不提前退租。在和您相处的这半年中,您给我提供了不少帮助,如果不是因为工作的问题,我实在不愿意搬走,但是现在我实在没办法。"房东太太沉思了一会儿，面无表情地对她送来水果表示感谢，就结束了这次谈话。

第二天，当露丝已经对退回租金不抱希望时，房东太太敲响了她的房门，将需要退回的租金交给了她，并欢迎她有时间来家里做客。在生活中，很多人在面对这样的事情时，都会不由自主地往最坏的方向去想。然而实际上，在某些时候，当我们心存善意，把对方往好处想的时候，我们所表现出来的善意会在一定程度上改变对方，激发其利他心理，从而让事情向着我们预期的方向发展。

所谓利他行为，是指对他人有好处，而对自己不存有明显益处的自觉自愿的行为。达尔文曾指出，利他行为是物种进化过程中留存在我们基因序列之中的隐形基因。人类历史也证明，具有利他行为的家庭、国家或民族更容易存在下去。

社会心理学研究也表明，社会文化会对利他行为起到规范和激励的作用，而借助于赞扬或激励等的强化，利他行为更容易发生。这也就解释了为什么我们身边总是会出现那些助人为乐、救人于水火之中的事迹。

将这一理论巧妙地应用于人际沟通中，我们会发现，当一个人的利他心理被激发起来后，他极易照着我们的预期做出改变。而这种改变的前提就是赋予对方行为高贵的动机，主动激发其利他的心理机制。

强生先生拥有一家小商店，由于价格公道，加之地理位置好，生意特别好。但强生先生年纪大了，身体欠佳，店里的事情令他有点儿吃不消，于是他请了年轻人肖替自己打理商店的事情。肖接手工作最初的一段时间里一切正常，但一段时间之后，强生先生接到了一些顾客的投诉，说店里的货品总是缺斤短两，而且质量也比从前差很多。

强生先生经过调查，发现肖私自更换了供货商，因为对方给了肖一定的回扣。强生先生在掌握确切的证据后，私下里找到肖，先是对肖最近的工作表示了肯定，并对他调整货品摆放顺序以方便顾客购物予以了表扬。

随后，他告诉了肖自己经营这家小店的初衷，并语重心长地告诉他，自己知道做这份工作的辛苦，同时也看到了肖在工作上的用心，表示自己相信肖的能力，相信他会将小店打理得更好，因为他清楚货品的质量是小店的脸面，出售的商品足斤足两才对得起顾客对小店的信任。这次谈话后，肖表面上并没什么变化，但他很快就将原来的供货商换掉了，而且在每次供货方送货的时候，肖都会亲自验收。强生先生

PART 4
用联想不动声色地影响他人

的这家小店后来再也没出现过缺斤短两的现象，货品质量也有了提升。

由此可见，为一个人的行为赋予高贵的动机，让其感受到自身是诚实、正直和公正的，从心理学角度来说，这其实就是给予对方一种正向的心理暗示，让其从内心深处认同自己是品格高贵的人，那些违背道德品行的事件会与自己的品格相冲突，于是自然而然地激发其内心的利他机制和自我完善机制。

在人际沟通中，我们不妨利用他人的利他心理来帮助我们在沟通中达到自己的目的。那么如何赋予对方高贵的动机，促其改变呢？

首先，要注意找到并及时鼓励对方的利他行为。我们要在人际沟通中找到事件对对方有利的证据，如此才能促使其做出改变。这就要求我们要注意寻找对方行为利他的特点，给予其及时的表扬和鼓励，从而使之内心产生相应的自我奖励机制，获得内在的满足感，进而让这种内在强化过渡到外在强化，产生利他行为。如上述故事中的强生先生，先是肯定肖的行为中的可表扬之处，再提出希望，这就是一种对利他行为的引导。

其次，要发挥榜样示范作用。这就要求我们注意发现身边的榜样，巧妙引导对方产生利他行为。比如，管理者要促使某个下属做出某种正向的改变，不妨在沟通中刻意强调另一位员工的正向行为，从而巧妙地促进对方产生利他行为。要注意的是，所呈现榜样的具体情境和具体事迹要让对方感到值得效仿、能够效仿。

PART 5

逻辑说服力,有条理、有层次地说服人

沟通,不仅是语言、文字或者肢体上的交流,更是心灵的交流,因此要想说服他人,有条理、有层次的语言表达是很重要的前提。

先说服自己,再说服别人

古语云:"己所不欲,勿施于人。"要想说服他人,首先就得说服自己;唯有自己信服,方能令他人信服。

很多人之所以喜欢看香港导演徐克导演的电影《智取威虎山》,不仅是因为演员张涵予的精彩表演,也不仅是因为片子中展示的那个特定年代的情怀和气质,还因为当时看到了徐克说的一段关于票房的话。当时,有人针对《智取威虎山》在提前点映后备受好评的问题问徐克对票房的期待,徐克说:"我对票房的概念很模糊,以前三千万就很好了,后来过亿了,现在过亿都不行了,这是一个无穷无尽的目标。当然,票房代表我们给予投资者的信心,但我觉得拍电影不能光想着这个。为什么要拍这个电影?作为创作者,还是要遵从内心的激情,无论你拍动作片、喜剧片,还是历史片,说服自己是第一步,然后再去说服观众,让更多观众喜欢我们的电影。"

PART 5
逻辑说服力，有条理、有层次地说服人

这段话之所以给我留下了深刻的印象，在于他所说的"说服自己是第一步，然后再去说服观众，让更多观众喜欢我们的电影"这句话道出了人际沟通中的一个重要原则：先说服自己，再说服别人。

说服是心理学上的名词，是指人们通过沟通来影响他人的态度和行为的方式。社会心理学将说服的途径分为两种，即中心途径和外周途径。所谓中心途径，是指发生在个体有能力而且有动机去仔细认真听取和评价说服信息时的加工方式。简单地说，中心途径就是权衡观点、参照事实或者数据，系统地去思考问题，进而进行说服。

所谓外周途径，是指发生在个体缺乏能力和动机去仔细认真听取和评价说服信息时的加工方式，这时个体仅受外在线索的影响。中心途径和外周途径在人际沟通中相辅相成，共同达到说服的目的。

相较于中心途径，外周途径更依托于主观，更加注重运用感性，是调用人的感性思维来说服。通常情况下，经由中心途径的说服效力更为持久，而经由外周途径的说服则更容易快速取得成效。这就是说服他人要先说服自己的原理所在。

从日常生活的角度来说，说服就是对他人施加影响。而一个人倘若想影响他人，首先就要影响自己；想说服别人，首先要说服自己，如果连自己都不相信，又如何能让他人相信呢？须知，没有人能把自己不喜欢的工作做得很好，也没有人能把自己不相信的东西卖得很好。所以想要发挥威力，影响对方，首先要影响自己。要说服别人，首先要说服自己。一个人只有自己的内心坚定了、笃定了，说出的话才能语气坚定；只有语气坚定才能具有感染力，具有感染力才能影响对方。

看一看我们身边的那些成功的领导者，他们之所以能成为领导，一个重要的原因就是他们身上的感染力。他们身上的感染力往往具有号召力，能唤起周围人做事的热情。

举个最为人们熟知的例子：曾经有段时间，市场上出现了一批围绕四大名著中的人物所写的关于管理类的图书，其中对《西游记》中唐僧的领导力的解说给我留下了很深的印象。唐僧身上就具有极强的感染力，三个各具特色的徒弟竟然能忠心耿耿地陪着他去西天取经，这其中固然有佛祖旨意的原因，但倘若他本人缺乏感染力和号召力，又怎么可能令他们信服呢？而唐僧感染徒弟、号召徒弟的，不是口若悬河的说教，也不是苦口婆心的劝说，而是其对西天取经的执着。

PART 5
逻辑说服力，有条理、有层次地说服人

不管是从蒸笼里边跳出来，还是从油锅里边爬出来，他的第一个念头都是去西天取经。正是由于他的这份坚定，才化解了徒弟的顾虑，坚定了徒弟的信念。这正是无声说服的力量，正是说服他人先说服自己的证明。

古语云："己所不欲，勿施于人。"意即自己都不想干的事也别施加于别人。说服亦是此理。当你要说服他人的时候，首先就必须说服自己；唯有自己信服，方能令他人信服。而说服自己，不仅是让自己对内容由内而外地接受，更是要让这种信念内化为力量，成为说服别人的能力。

很多时候我们会发现，每个人都想说服别人，夫妻之间、恋人之间、同事之间、朋友之间，双方都认为自己说得对。但我们也会发现，一个看上去其貌不扬的旁观者，会巧妙地化解掉争吵双方的矛盾；一个语调不高、态度温和的教师，会让大打出手的学生停止打斗，握手言和；一个温柔的妻子，会让暴跳如雷的丈夫反思自己，主动认错。实际上，要做到说服自己再说服他人同样也需要技巧。

首先，别忘了用你的情绪影响对方。社会心理学上的好心情效应和恐惧效应都可以增加我们的说服力，因为一个人在心情愉悦的时候更容易接受他人的意见；而当对方一旦意

识到倘若不接受你的建议会发生让自己恐惧的事情时，你自然更容易说服对方。

其次，要善于将单面说服与双面说服结合起来。所谓单面说服，就是明确地说出自己要说服的事情；双面说服，则是在阐述自己观点和立场的时候采用迂回战术。

举个例子，对于你的朋友上网交友的事情，你直接告诉对方，那样做容易遇到骗子，这就是单面说服；你一面告诉对方，那样的交友方式可能会遇到骗子，一面表示那也不失为一种寻找伴侣的方式，不过前提是他要能控制好自己的情感，不然就可能人财两失，这就是双面说服。

再次，要学会利用一致性的力量。著名社会心理学家利昂·费斯汀格经过长期观察提出了一致性理论：人们对保持心态和行为的一致性有着强大的心理需求。这个结论证明了人的身体语言可以触发与之一致的心态。因此在说服他人时，我们可以借助某种身体语言将内在心态表达出来，从而让自己的这种内外一致性的态度强烈地感染对方，以增加说服力。

PART 5
逻辑说服力，有条理、有层次地说服人

想钓鱼，就要像鱼一样思考

当一个人内在变得越来越强大，越来越具包容性的时候，自然就能做到"己所不欲，勿施于人"，自然就可以摆脱以己度人的思维，能在考虑他人内在感受的前提下与其沟通。

一位资深营销培训专家在讲课时谈到自己小时候的一段经历：儿时的他经常与父亲一起去钓鱼。在钓鱼的时候，他发现父亲总是能钓到鱼，而自己却总是一无所获。对于一个孩子而言，这真是一件令人沮丧的事。于是他问父亲是不是自己钓鱼的方法不对。父亲告诉他，不是他钓鱼的方法不对，而是他的想法不对，因为一个人如果想钓到鱼，就要像鱼那样思考。当时的他还无法理解父亲的这句话，但却将这句话牢牢地记在心里。

成年后，钓鱼仍是他闲暇之余的乐事。而他也在钓鱼的过程中开始慢慢地去了解鱼的想法。他阅读了与鱼类相关的书籍，甚至还加入了钓鱼俱乐部。经过学习和与他人交流，他对鱼类有了更多的了解。比如鱼是一种冷血动物，因此对水温变化很敏感，大都喜欢待在温度较高的水域。鱼没有眼睑，害怕阳光直射双眼，于是常待在阴凉的浅水处；而浅水处，无论是水温还是食物都会让鱼获得充足的安全感……随着他对鱼的了解越多，他钓上来的鱼也就越多。

将这种思维运用到商业上面也是行之有效的。例如，要成为一个成功的营销人员，首先我们就要把自己当作消费者。只有站在消费者的角度思考问题，才能了解消费者的购买心理，进而赢得更多的顾客和订单。这就是"想钓鱼，就要像鱼一样思考"的道理所在。

其实，无论是销售还是管理，抑或是人际沟通，都应该像钓鱼一样，你要想说服对方，让对方接受自己的观点或看法，你就要让自己成为像鱼一样思考的钓者，学会换位思考。

所谓换位思考，就是能设身处地为他人着想。这是一种"想人所想，理解至上"的处理人际关系的思考方式。从心理学角度分析，换位思考体现了人类内在的对自我和社会认可的追求。

就人类本性而言，其内心深处充满了对自我认可和社会接纳的渴望，这其中包括对爱与情感的需要、对幸福生活的渴望、对生活的忧虑和恐惧、对不可知的未来的彷徨。从某

PART 5
逻辑说服力，有条理、有层次地说服人

种意义上说，无论怎样的内心需求，均体现了个体是人类命运共同体的定论。

因此，个体要想被社会和他人接纳与认可，就要试着去感受他人，与他人建立亲密的联系，而这就需要交换彼此的思维结果。于是，换位思考就成为人与人、人与社会产生联系的必要条件。只有学会换位思考，我们才能与他人共情，才能理解他人，进而与他们相互依偎、相互"取暖"。

同时，从个体成长过程来看，换位思考能让个体的内在变得强大，让内在可以包容更多的人和事，而不是拘泥于小我，从而练就"宰相肚里能撑船"的心胸和气度，创造更大、更丰富的自我世界，在遇到问题时能更理解他人，更快速地找到解决问题的方法。

综上所述，当一个人的内在变得越来越强大，越来越具包容性的时候，自然就能做到"己所不欲，勿施于人"，自然可以摆脱以己度人的思维，从而丢弃用自己的标准去衡量别人的行为、衡量周围的事物，并把自己的感情、意志、特性投射到其他事物上的坏习惯，能在考虑他人内在感受的前提下与其沟通，自然就能增强自己在人际沟通中的说服力，为自己带来成功。被誉为"经营之神"的中国台湾地区的王永

庆，就是利用换位思考的思维，成功地说服更多的顾客，打造了自己的经营神话。王永庆最初经营的是一家小米店。而这家小米店的竞争对手是当时的一些日本米店。如何说服顾客到自己的店里购物呢？王永庆经过几番调研和思考后，站在顾客的角度，用顾客的思维思考好的粮店应当是怎样的。他首先提升店里所售米的品质，将米中混杂的米糠、沙粒、小石头等拣干净，接着提供送米上门服务。

而他的送米上门，绝不是简单地将米送到顾客家中，而是根据顾客家中的人口数量、月吃米量准时送过去，且要帮人家将米倒进米缸里。最难得的是，他在将米倒进米缸之前，会将原来的米倒出来，将米缸刷干净，再将新米倒进去，将旧米放在最上层，以此确保旧米不会因存放过久而变质。

结果就是，他的这种换位思考的做法，这种无言的举止，打动了相当多的人，这些人都成了他的米店的忠实顾客。可以说，王永庆成功的关键就在于采用了"像鱼一样思考"的做事方式，用心去研究顾客的需要，用心去研究顾客行为背后的心理，进而挖掘出客户更深层次的需求。

这里之所以举王永庆的事例，是想说明换位思考力量之强大。在人际沟通中，倘若我们想说服对方，提升自己的说服力,换位思考是必备的能力。那么怎样才能做到换位思考呢?

把握心理换位的策略最重要的条件就是了解对方,设身处地为对方着想,想人之所想,深入体察对方的内心世界,站在对方的角度思考你的策略。解决了对方的问题,也就解决了你自己的问题。

在你试图与一个陌生人建立联系并与之沟通,达到"钓鱼"的目的之前,你首先要了解对方。因为你之于对方,正如对方之于你一样,是陌生人。因此,你可以先介绍一下自己,然后用不同的方式与其交谈。你也可以就当前所处的情境抛出一个话题,比如天气,比如聚会的氛围,甚至聚会中的某个人或事,从而引出对方的话头,再顺势展开话题,进而了解对方,达到"钓鱼"的目的。

最巧妙的说服,是引导对方说出你想要的结果

与他人沟通时,要想说服对方,摸清对方的心思非常重要。只有摸清了对方的心思,才能"以情动人,润物无声",才能达到"攻心"的目的。

很多人羡慕身边的那些"聪明人",因为他们能与他人进行有效的沟通,能三言两语说服对方。但他们不知道的是,这看似简单的三言两语,背后藏着大学问,那就是要摸清对方的心理。

在人际沟通中,要说服他人,就要先摸清对方的脾气秉性,了解对方的心思,清楚对方最在意的事情是什么,从而明确自己该说什么、不该说什么,以获得最佳的沟通效果。

相反,那些不懂沟通的人在与他人沟通时,不看谈话对象,不知对方心思,不事先了解对方,只顾自己滔滔不绝地说话;尽管说得不少,却没任何效果,从而让自己错失一个又一个机会。因此,在人际沟通中,要说服对方,达到良好的沟通效果,首要前提是摸清对方的心思。

PART 5
逻辑说服力，有条理、有层次地说服人

《战国策》中记载了这样一个故事：秦国趁赵国政权更替之机大举攻赵，占领了赵国的三座城市。赵国形势危急，向齐国求援。齐国提出的出兵条件是要赵威后的小儿子长安君到齐国当人质。赵威后溺爱长安君，执意不肯，赵国面临着倾覆的危机。这时，说服赵威后就成了刻不容缓的大事。在这样的情况下，执政官触龙用他过人的口才成功说服了赵威后，使她心甘情愿地让小儿子去做人质。

而他能做到这一点，就在于他对赵威后的心思极其了解，他清楚赵威后之所以不让长安君做人质，是担心长安君的安危。同时他也清楚地知道赵威后十分疼爱自己的儿女，于是他从对儿女的疼爱入手，谈自己的爱子之情，然后由己及人，谈到赵威后对子女的爱，将其对长安君和女儿燕后的爱进行对比，一针见血地指出赵威后对长安君的疼爱不是长远之计，最后让其领悟了"爱其子则为其计深远"的道理，同意让长安君去做人质。在这个故事里，触龙就为我们演绎了先摸清对方心思再去说服他人的做法。

试想，面对赵威后，倘若触龙不曾摸清她的心思，如何能一步一步地说服她呢？因此，在与他人沟通时，要想说服对方，摸清对方的心思相当重要。只有摸清了对方的心思，

才能"以情动人,润物无声",才能达到"攻心"的目的,即巧妙地诱导对方的心理或感情,以使对方心悦诚服。

一对年轻的夫妇经过多年艰苦打拼,终于开创了自己的事业。妻子想着帮衬娘家,让自己的弟弟到自己和丈夫的公司工作,但被丈夫拒绝了。遭到拒绝之后,妻子倍感伤心,觉得丈夫只能共苦,不能同甘。其实,丈夫并不是有心拒绝妻子的要求,他只是担心公司成了家族企业,管理上会出现大问题。为了消除妻子的"怨气",一天晚上,丈夫推掉应酬与妻子一同外出就餐。

在暖暖的烛光下,丈夫回忆起两人同甘共苦的创业经历,感谢妻子在此过程中对自己的理解和支持,同时发自内心地感谢岳父岳母让自己今生拥有了这样一个好妻子。

接着,丈夫谈到了他们都认识的一个同学,说他前几年经过辛苦创业,也拥有了自己的事业,但最近这几年却每况愈下,公司可能要倒闭了。妻子问原因何在,丈夫告诉她,这位同学失败在缺少一个贤内助上。创业成功后,这位同学的妻子将娘家的亲戚安排进丈夫的公司,结果这些亲戚拿着钱不干事儿,最终毁了公司。

最后,没等丈夫说话,妻子就主动提出不让弟弟到公司上班了。而丈夫则主动提出给妻子一笔钱,让她帮弟弟创业。

这位丈夫在与妻子沟通时,正是因为了解妻子的心思,才有针对性地摆出了与自己经历相似的同学的事例,从而一击即中,说服了妻子。由此可见,在人际交往中摸清对方心理,对于成就良好的人际沟通、说服对方有多么重要。

正所谓"知己知彼,百战不殆",在人际沟通中,如何摸清对方的心思,进而说服对方呢?

一是要了解对方的心理禁忌。这是成就良好沟通、说服对方的开端。在沟通中,只有清楚对方最在意什么,方能明白自己该说什么,让一切尽在自己掌握之中。而无论沟通的对象是谁,唯有找到对方的心锁,才可以轻易打开其心扉,成就良好的沟通。

初入职场的马克,工作不久便遇到了令他头疼的事。作为一个新人,他遇到了职场上常见的"老欺生"现象。部门里的老员工巴德总是瞧不起他这个新人,总找他的麻烦。比如,开例会的时候,对于别人的反对意见,巴德都能理性对待,认真听取;而如果是马克与他的意见相左,他就会冷冷地看着马克,嘴里虽然不说什么,但却经常从鼻孔里"哼"一声,一副瞧不上的样子。

马克颇为费解。后来他才从一位同事那里获知，巴德人不坏，就是心眼儿小。马克新来公司参加聚餐时，讲了一个巴德不爱听的话题，于是他就对马克有了意见。同事劝马克不要和巴德对着干，马克自己也是这样想的，因为确实有一些所谓的职场"资深同事"因为自己的人生不顺遂，便看不得他人顺遂。

既然如此，自己何不找些巴德喜欢的话题，慢慢改变他对自己的态度呢？马克了解到，巴德的儿子相当优秀，是巴德的骄傲，而他本人也经常在办公室里夸赞自己的儿子如何如何。于是，马克便经常主动和巴德聊起他的儿子，赞美他的儿子。

结果这一招儿果然有效，每次马克提到巴德的儿子，巴德都会喜笑颜开，甚至下班了还拉着马克聊自己的儿子。慢慢地，两个人的关系就改善了。

通常情况下，几乎每个人都有一些令别人很在意的与众不同之处，一旦你在谈话中关注到了并加以强调，那么就会让沟通事半功倍，从而给自己带来更多的机会。

因此，在沟通之前，不妨多做做功课，仔细观察和研究对方，为其做一个心理"透视"，以便摸清对方的心思。其中，聆听就是了解对方极好的方式。你聆听对方越多，对方对你的好感就越强，你也会越了解对方，摸清对方的所思所想。

还有，在与对方交谈时，要注意了解对方的兴趣爱好。兴趣爱好是人的潜意识最好的流露。兴趣爱好完全发自人的内心，所以，它最能暴露一个人内心的真实世界。不同的人，兴趣爱好千差万别。因此了解一个人，不妨从那些看似无足轻重的兴趣爱好入手。这可以为我们摸清对方心思提供一个好的途径。

说服有道，摸清对方心思是前提

所谓"酒逢知己千杯少，话不投机半句多"，要想说服对方，就要找到双方的共同点（或者是利益的共同点，或者是兴趣的共同点），从对方愿意听的内容入手。

在人际沟通中，要想快速拉近双方的距离，首先就要找到双方的共同点。当彼此间在某个问题上发生冲突时，想要继续说服对方，让自己的观点或建议获得对方的认可，更得寻找出双方的共同点来。寻找双方的共同点，其实就是寻找认同感。

所谓认同，就是在你和你要说服的对象身上寻找你们的共同点，比如共同的职业、共同的信仰、共同喜欢的电视节目等。倘若可以通过寻找双方的共同点，进而抓住对方的心理，就可以为成功地说服对方提供便利条件。

可以说，认同是人际冲突中让双方达成相互理解的有效方法，也是说服对方行之有效的方法。

某公司新来的执行总监鲁比和大区经理狄安娜发生了冲

PART 5
逻辑说服力，有条理、有层次地说服人

突。鲁比提出的销售方案遭到狄安娜的极力反对，狄安娜认为这套方案限制了销售人员的自主性，不利于销售工作的开展，会影响销售量。开会讨论时，狄安娜扬言这个方案她是不会同意的，也不会执行。狄安娜在公司是一个呼风唤雨式的人物，其他各区的经理都对她唯命是从，她的最终意见对于方案的执行相当重要。

鲁比苦思了许久，决定找狄安娜深入地谈一谈。好在狄安娜为人比较爽快，接受了鲁比的邀约，但她把地点定在了公司的会议室。不管怎样，愿意谈就好。鲁比相信自己可以说服狄安娜。

二人坐定后，鲁比为狄安娜端来一杯咖啡，狄安娜一尝，竟然是自己习惯喝的蓝山咖啡。鲁比笑着说，自己早就发现狄安娜喝的咖啡也是他喜欢的。随后二人就从咖啡谈起，竟然发现他们都是从销售一线做到管理层的，这样一聊，双方的关系好像更近了一些。

随后谈到了这次的销售管理方案，鲁比将自己做这套方案的动机讲了出来——苦于一些销售人员中途失单，甚至个别销售人员利用公司的资源从事个人业务，这让公司遭受了不小的损失。他自己就曾因为一个他所器重的销售人员的行为险些断送自己的事业。鲁比不疾不徐地说着,狄安娜最初没什么反应,慢慢地,她也说出了自己这些年感觉到的管理上的困难。最终,她基本同意了鲁比的方案,但对其中的一些条款持有异议。二人又就这些异议进行了探讨,实在无法统一,最后决定拿到公司中层会议上进行讨论。

就这样,鲁比在与狄安娜的沟通中,借助寻找二人经历的共同点、观点的相同之处,拉近了彼此的距离,从而说服了狄安娜。

所谓"酒逢知己千杯少,话不投机半句多",要想说服对方,就要找到双方的共同点(或者是利益的共同点,或者是兴趣的共同点),从对方愿意听的内容入手,如此一来就能让对方产生共鸣,进而说服对方。那么,如何寻找双方的共同点并将其表达出来呢?

首先,用"其实我和你一样"的思维作为突破口。在你和他人产生分歧,而你又无法说服对方,且对方始终与你对峙的情况下,不妨用"其实我和你一样,也一直在考虑这件事"作为突破口展开话题。

须知,当你反复强调和对方之间的共同点时,就会向对方施加心理暗示,让对方产生"他的想法和我一样"这种认同意识,这样就可以促使对方认为"对面那个人和我是同伙儿",这对你的说服工作会更有帮助。

东立家的新邻居养了三条狗,每天早晚遛狗时,狗都会随地大小便,破坏了小区的环境。作为居委会成员,东立受命与新邻居谈一谈,劝其文明养狗。这天,东立下楼散步时正巧碰到遛狗的邻居,于是就和他聊了起来。双方围绕狗展开了话题,东立提到自己的父母也养了一条狗,邻居连忙问是什么品种。

随后他们聊起了狗的品种和狗的喂养,当邻居提到必须每天遛狗,不然不利于狗的健康时,东立深表赞同。接下来邻居说小区太小了,总能遇到人,遛狗特别不方便,小区要是再大一些就好了。东立连忙说:"其实我和你的想法一样,也一直在考虑向物业提议如何合理规划咱们小区的环境。我是这样想的……"随后,东立就将话题转到了小区的环境上,自然而然地提到了宠物随地大小便对环境的影响,邻居听了,不好意思地表示自己以后一定注意。

后来,东立发现邻居再出去遛狗时,会随身携带狗粪收集器,开始注意保护小区环境了。

其次,借助"我们之间至少有一个共同点"激起情感共鸣。当沟通双方一时无法找到有说服力的共同点时，不妨借助于"我们之间至少有一个共同点，那就是我们双方都有解决这个问题的热忱。既然如此，我们不妨继续努力，找出其他共同点"这样的话反复强调共同点，从而激起对方的情感共鸣，缓和双方的矛盾，让对方感受到你的诚意，为进一步交流沟通创设条件。

20世纪70年代初，克莱斯勒汽车公司屡屡亏损，急需政府贷款。但是美国政府对企业自由竞争持支持态度，不愿意给予该公司经济援助。针对此事，美国国会举行了关于保证贷款案听证会。在会上，克莱斯勒汽车公司负责人艾柯卡与银行业务委员会主席威廉·普洛斯迈展开了辩论。

普洛斯迈认为如果国会通过了保证贷款案，那么政府对克莱斯勒的介入会更深，这与艾柯卡长期宣传的企业自由竞争观点相矛盾。艾柯卡对他的说法表示赞同，并声明自己一直都拥护企业自由竞争，不过当前由于公司处境艰难，只能寻求政府贷款，否则将无法拯救克莱斯勒。

接下来，艾柯卡分析了这次贷款对政府和公司双方的意义，指出贷款给克莱斯勒会让60万人免遭失业，进而让政府在一年的时间里免于为失业人员付出27亿美元的保险金和福

PART 5
逻辑说服力，有条理、有层次地说服人

利金。正是因为他的话切中了政府最关心的失业问题，克莱斯勒汽车公司最终获得了政府贷款。

在与他人沟通过程中，尤其是在双方产生分歧的时候，除了选择对方喜欢的话题，找到双方的共同点，还要学会将这些共同点用合适的语句表达出来，进而让其起到拉近双方距离的作用。这一点对于提升说服力相当重要。

得寸了，不要想着一直进尺

面对人际冲突，保持得理饶人的心态，更容易解决人际矛盾，赢得良好的人际关系。倘若以理压人，得寸还想着进尺，结果往往适得其反。

某商场里，一位营业员正在处理一名中年男子要求退换电饭锅的问题。那是一只明显已经用过一段时间的电饭锅。这位男顾客粗声粗气地说电饭锅才用了一个多月就坏了，说它本身存在质量问题，要求换一个新的。这位营业员耐心地解释，还拿出关于货品退换的相关规定。结果对方不听，还大吵大嚷，满口脏话，说什么"我来了你就得给退换，光卖不能退换算什么"。面对这样的顾客，营业员尽管清楚对方是在无理取闹，但倘若这样僵持下去，势必影响正常营业。于是她温和地说："这个电饭锅已经用了一段时间了，又没有质量问题，按规定是不能退的。可如果你执意要退，那就干脆卖给我好了。"随后她就取出钱夹，要将钱付给对方。结果男顾客的脸红了，他停止了吵嚷，一声不吭地离开了。事后有人问

PART 5
逻辑说服力，有条理、有层次地说服人

这位营业员为什么不干脆叫保安来处理这个问题，营业员笑着说："得寸了，就不要想着一直进尺了。问题处理了就好。"

这位营业员可以说是人际沟通高手。在面对冲突的时候，她巧妙地采用宽容与自责的方式说服对方，在明知自己有理的情况下，还遵守退让三分的沟通原则，不但从容地防止了事态扩大，而且用自己的宽容反衬出对方的无理。

其实，生活中很多的矛盾冲突大多并非为"理"而争，而是因"气"而起。面对冲突，持得理饶人的心态，更容易解决矛盾、平息纷争，赢得良好的人际关系。倘若以理压人，得寸还想着进尺，甚至恶语相向，不给对方留余地，结果往往适得其反。

某小区里，几个三四岁的孩子在高兴地玩着脚踏滑板车，孩子的妈妈们坐在一旁聊着天。突然，一个小男孩儿的滑板车碰到了一个老太太的脚。老太太特别不高兴，站在那里大声地责骂起来。

孩子的妈妈跑来了解了事情的原委后，马上向老太太道歉。结果老太太见孩子的妈妈过来了，马上坐到了地上，声称自己的脚被孩子的车轧到了，而且责怪孩子的妈妈。孩子的妈妈耐着性子反复道歉，围观的众人也说："不过是三四岁孩子的滑板车,碰一下脚又能怎样?"结果这句话捅了马蜂窝,老太太干脆躺在地上,抱着脚喊疼。孩子的妈妈气得脸色发白。这时,孩子的爸爸下班回来,看到这种情况,也不停地向老太太道歉,并要扶她起来去医院。

结果,他刚碰到老太太的身子,老太太就说疼得不行,不能动,得叫救护车。正在大家无奈之际,闻讯赶来的孩子的奶奶一气之下拿起孩子的滑板车向老太太打去,一面打一面说:"既然说弄伤你了,我干脆就真把你弄伤。"

在人际冲突中,得理不饶人的现象相当普遍。有些人一旦认为自己有理,就会揪住他人的缺点或问题穷追猛打,得寸还要进尺,非要逼得对方竖起"白旗"不可。

人际冲突发生时,是什么原因让一些人产生得寸还想着进尺的心理呢?原因基本上有三种:一是内心不满情绪存在的时间过长,最终导致怒气和怨愤的产生,很难轻易散去。二是自己占着理,对方不能有话好好说,从而引发严重的负面情绪,在盛怒之下出于泄愤而想再进一尺。三是内心的怨恨积蓄过多,而冲突的另一方对自己构不成威胁,于是在欺软怕硬心理驱使下产生了得寸还要进尺的心理。

无论是哪一种心理,其实归根到底都不过是缺少宽容的

PART 5
逻辑说服力，有条理、有层次地说服人

心态。而这种不宽容的心态对于人际沟通是极其不利的。

古希腊哲学家苏格拉底曾说过："一颗完全理智的心，就像是一把锋利的刀，会割伤使用它的人。"在这个世界上，没有完全绝对的事情，任何事情都有两面性。在人际交往过程中发生冲突时，无须退缩和畏惧，更不要揪住别人的缺点穷追猛打，而要给对方和自己留一点儿余地和情面。

因此，在解决人际冲突时，得理时，据理力争讨回公道是理所当然之举。但如何恰当地表达自己的理，却是一门学问。一个高情商、擅沟通的人，会清楚得理时最重要的是明是非，让对方心服口服地改正错误，而非以理压人。

那么，在发生人际冲突时，我们应该如何做到得理饶人，既给对方留余地，又能促使对方反省，达到良好的沟通效果呢？

首先，要学会适时地沉默。在发生人际冲突时，一味地据理力争并不一定是好事，在适当的时候表以沉默，为对方"留白"，不但可以促进对方反省，也可以让自己得以冷静，从而利于问题的解决。

一个周末的晚上，因为孩子的出生，好久没赴朋友之约的鲍比和朋友在外饮酒彻夜未归，直到第二天上午才幽灵般地回

到家中。因为照顾孩子一宿没睡的妻子艾玛生气地埋怨了他几句,结果鲍比反唇相讥,二人你一言我一语地吵了起来。吵着吵着,楼上传来孩子的哭声,两个人不约而同地住了嘴。

鲍比注意到艾玛的黑眼圈,意识到了自己的错误,于是不好意思地向艾玛道歉,并转身上楼照顾孩子。艾玛看着鲍比的背影,动了动嘴唇,也没再说什么。此后,鲍比尽可能推掉不必要的约会,多留在家中帮助艾玛照顾孩子,实在必须赴约,也一定及时赶回家中。夫妻二人的感情变好了。

其次,要学会照顾他人的自尊,避免既伤害他人也伤害自己。发生人际冲突时不要得寸进尺,要为自己和他人留下更多的空间,学会适时退让,转移话题。

翁婿二人在家中吃饭时,聊起了本地一条高速公路的修建问题。女婿强调本地区的确需要这么一条高速公路,但进度反复拖延是有关方面的一个严重错误。岳父则持相反意见,认为这条高速公路原本就不该修建。

结果二人就此争论起来,且越来越激烈。最后,泰山大人由此问题说到了现在的年轻人自私心重,只贪图便利,不考虑环境保护。显而易见,他已经开始在批评女婿了。做女婿的一看,意识到继续争执下去只会伤害双方的感情,于是委婉地表示双方的争论没对错之分,只是所站的角度不一样。于是一场冲突就此终止。

在这个故事中,这位女婿的这番话,给自己和岳丈搭了台阶,避免了争论不休让矛盾扩大,不失为一种处理矛盾冲突的好办法。

《菜根谭》中说:"滋味浓时,减三分让人食;路径窄处,留一步与人行。"在人际沟通过程中发生冲突时,有理也让对方三分,不仅有利于化解矛盾,还可以加深彼此的理解,增进友谊,建立融洽、和谐的人际关系。

让沟通直抵人心的六条路径

与原则无关的事不妨退后一步

事实上,在人际沟通中适时后退一步,看似是在问题面前妥协,但实际上却是寻求了下一步的生机,也得以为冲突最后的解决留下机会。

在人际交往中,不可能总是风平浪静、一片和谐,偶有冲突发生是相当正常的事情。面对人际冲突,有理有据地解决问题、化解矛盾冲突才是最正确的沟通方式,而面对非原则性冲突,适时后退一步则是一种智慧。

朱玉和刘丽因为工作上的一件事情而争得不可开交,最后两人闹得很不愉快。朱玉下班后回到家,还在生刘丽的气。吃过晚饭,她习惯性地拿起手机打开微信看朋友圈,结果发现刘丽发来了动态图片。朱玉轻轻点击了一下,屏幕上立即出现一堆大红的色彩。

朱玉气坏了,认为刘玉故意报复自己。她刚要点击语音按键痛骂对方,这时,那堆大红的色彩上面突然出现一行字:"请你后退两步再看。"朱玉半信半疑地后退两步,结果发现那些色彩最终显示出两个清晰的字——"抱歉"。看到这两个字,她知道这是刘丽在向自己道歉,想到白天的争吵,她为自己的得理不饶人感到不好意思,于是连忙给刘丽发去一段语音,表达自己深深的歉意。

因为后退两步,朱玉看清了刘丽的心意,在接收到对方的歉意的同时,也认识到了自己的错误。当人与人之间发生冲突时,在无伤原则的前提下,倘若能后退两步,其实可以让我们的视野更加开阔,更能审时度势地作出正确的判断,进而化解矛盾。

在亚马孙热带丛林中生活着一种蜂鸟,这一鸟类家族有一个规定:只能前进,不准后退。如果哪只鸟儿后退,同类就会群起而攻之,将其啄死。一次,森林失火,众蜂鸟在蜂鸟王的指挥下奋勇向前,结果死伤无数。就在这时,一只蜂鸟勇敢地带着另外几只蜂鸟选择了后退,而这一小部分向后飞的蜂鸟让这一鸟类家族得以延续。

事实上,人际沟通上的适时后退一步,就如同蜂鸟的后退,看似在问题面前妥协,实际上却是在寻求下一步的生机,也得以为冲突的最后解决留下机会。

1975 年,美国心理学家西阿弟尼等人做了一个实验:将被测试者分成三组，要求第一组被测试者腾出大量的时间做某件事情，结果差不多每个人都拒绝。主试马上问他们，是否愿意仅花极少的时间去做一件类似的事情。接下来对第二组被试，主试仅提出了一个很小的要求。而对第三组被试，主试提出可以在两种要求中间选择一个。最终发现，以上三种方式提出的要求被这三组被测试者接受的百分比分别为50%、16.7%、25%。

这说明一个人提出了一个大要求后再提出一个同类性质的小要求，这一小要求就有可能被对方轻易接受，这就是心理学上的让步效应。

让步效应对人的心理有着相当大的影响，而且现实生活中的许多事例也证明了适时让步会获得更大的进步。从小的方面来看，一个人想要跨过门槛或者登上台阶时，一定要高抬腿低落步。从大的方面来说，水田里的农民插秧时，一步一弯腰，一步一后退，于是在这样一进一退的过程中完成了插秧的工作。

试想，人若不高抬腿，如何能轻松登上台阶？农民若不适时后退，而是急于向前，则秧苗会被踏入泥水之中，焉能得到秋日的丰收？所以，在人际沟通中，只有适时让步方能海阔天空。

不过，让步是有原则的退让，不是无原则的怯懦，需要我们在适时退让的同时表明态度，如此才能为下一步解决矛盾冲突做好铺垫。

首先，我们要稳定情绪。须知，人一旦有了对立情绪，就算是理智上清楚应适时退让，实际上也退让了，但在好胜心的驱使下还会将自己的不良情绪表现出来，结果这种适时退让不但对后面的沟通无益，甚至会让对方产生一种误解，错误地认为你怕他了，让后面的沟通无法进行。

应先稳定好自己的情绪，让对立情绪平复下来，用真诚的态度暗示对方。比如，适时同意对方的某些观点或看法，适当地承认自己在某些方面没有做好，比如向对方说"我知道，你也是为我好，我确实不应该发脾气"，让对方后退一步，情绪稳定下来。

其次，对冲突情况进行客观的描述。在冲突发生时，对方或许并不曾意识到（或有意忽略）其行为令你生气，所以你要直接向对方明确指出。

要注意的是，在指出对方让你生气的过程中，不要用指责的态度，而要描述你的感受；不要用过于绝对的概括性词语指责对方一时的行为，比如说"你总是说我""你从来不曾发现我的优点""你一直对我很冷漠""你完全没把我放在眼里"等，这里的"总是""从来""一直""完全"等词语过于概括和绝对，会激怒对方。可以把这些话换成"不过，你刚刚在其他人面前指责我，嫌我做得不好"这样的客观性描述。

要表明你的想法，将自己内心的感受和当下的想法表述出来，但要注意不用过激的言语，以免对方误解。比如可以说："这让我很难过，也感觉很没面子。"

再次，说出你的建议，即提出你希望对方怎么做，以引导事情向着你希望的方向发展。比如："我希望你不是当众指责我，如果我做得不好，你可以暗示我，或私下里提醒我。"

最后，你要描述出对方按你希望的做后会得到的结果。这是一种预期效应，可以给对方良好的心理暗示，满足对方的心理需求，比如你可以说："如果你能这么做的话，我会很感激你。"

当然，有的时候，仅仅说出你能获得的结果不一定能说服对方，这时你就要指出对方不按你的希望做（即坚持其行为）会产生的负面结果，比如可以说："相反，你在其他人面前说我不好，只会让我更生气、更难过。"

经过这样的后退与沟通，你的后退就达到了"退一步海阔天空"的效果，而不是屈辱的退让和挫败。

PART 5
逻辑说服力，有条理、有层次地说服人

互惠互利，让沟通更加和谐

在现实生活中,倘若一个人在人际关系中不能互利互惠,他和别人的友情往往很难维持。

前段时间，朋友小叶认识了一个女孩儿小秋，小秋乖巧可爱，两人颇为投缘。开始的一段时间，小叶时不时地提到小秋，而且几次说要介绍我们认识。然而最近，我再未听他提起小秋。好奇心使然，我无意中笑问："何时介绍小秋与我相识？"结果小叶一脸嫌弃地回答："这种人还是别认识的好。"这便引起了我的好奇心，细问之后，方知其中缘由。

诚如小叶所说，单纯从外表看，小秋是一个极可爱的女孩儿，举止言行大方得体。不过最终让小叶远离她的，是一次说大不大、说小不小的冲突。

那天，小叶、小秋和几位好朋友小聚，聊天中谈到了最近某商场专柜进了一批品牌手包，样式新颖，皮质精良。于是几人饭后便一起去挑选。同行一共五人，她们各自挑选着自己心仪的包，巧的是，小秋和小叶看中了同一款包，而这家专柜的品牌包都是限量版，每一款只有一个。于是问题出现了：小秋和小叶谁会得到这款包呢？说实话，小叶家境优渥，并不缺包，她当时就想着算了，让小秋买吧。

但接下来小秋的反应让小叶大失所望。看到包只有一个，小秋先是和销售人员商讨了半天，看看能否再调一只，得知无望后，她再也不说话了，只是看着小叶，态度明晃晃地写在脸上：我是坚决不会放手的，你看着办吧。小叶很郁闷，但也觉得无所谓，就对小秋说："你买吧，我以后遇到合适的再说。"结果小秋看了看小叶，不但不道谢，还笑着说："我就知道叶姐看不上这包。"这下子小叶不高兴了，明明自己和她一起挑的，现在为了成全她，自己不买了，她还不领情。但生性清高的小叶不屑于和小秋理论，并且从此不再和小秋联系。

说起来，这并非什么大事，但小秋在面对矛盾冲突时的态度却令人失望。须知，人际关系无小事，尤其遇到矛盾冲突，是最能看出一个人品性的时候。面对小小的选包问题，小叶选择的是成全对方，而小秋选择的却是不退让，甚至在对方成全自己时竟然摆出一副理所当然的态度，这就很难不让小叶生气了。

PART 5
逻辑说服力，有条理、有层次地说服人

在人际关系中，互惠互利是最高境界。在现实生活中，倘若一个人在人际关系中不能做到互惠互利，他和别人的友情往往很难维持。卡耐基曾说："和谐的人际关系是一笔宝贵的财富。"事实上，要想建立良好的人际关系，就要尽量减少与他人之间的矛盾，消除彼此间的摩擦，不能太自私、"吃独食"，而应坚持"互惠"，追求"互利"。

心理学研究表明，人与人之间的交往需求是多层次的，可以粗略地分为两个层次：一个层次是以情感定向的人际交往，比如亲情、友情、爱情；另一个层次是以功利定向的人际交往，也就是为实现某种功利性目的而交往。一个人在交往过程中，有时是为了满足物质需求，有时则是为了满足精神需求。换句话说，人际交往的最基本动机就在于希望从交往对象那里获取自己需求的精神上或物质上的满足。

这就决定了人际交往中的双方，只有各取所需、互惠互利，方能借助别人的力量做好事情，获得更多的利益；也只有互利互惠，才能让彼此的关系更加牢靠。倘若一味以牺牲对方的利益让自己获得好处，那么必定无法营造稳定、和谐的人际关系。甚至于人世间最为亲密和稳定的夫妻关系，在某种程度上说也要遵循互惠互利的原则。

安妮和杰夫于十年前结婚，婚后前几年，夫妻俩特别恩爱，杰夫关心安妮，安妮心疼杰夫，日子过得甜甜蜜蜜的。女儿莫妮卡出生后，为了照顾孩子，安妮从职场回归家庭，正式成为全职妈妈，开始了相夫教女的生活。尽管如今莫妮卡已经上了小学，但安妮还是在家专心做着全职太太。或许有人认为是杰夫工作忙，觉得家中总得留一个人照顾为好，所以他不同意安妮上班。但事实上，安妮之所以不愿意上班，一方面的确在很大程度上是由于多年不上班，她已经对职场产生了畏惧心理；另一方面则是由于考虑到莫妮卡的上学接送问题。莫妮卡上三年级时，由于受经济危机的影响杰夫所在公司裁员，他失业了，一家人的生活很快陷入了困境。

在寻找工作的日子里，杰夫的心情变得格外糟糕，开始不再关心安妮，甚至认为，安妮多年来在家不出去工作，根本不理解自己在外打拼的辛苦。而感受到丈夫冷淡自己的安妮更感委屈，她认为杰夫不清楚身为全职太太的不易，将妻子当作白吃饭的。就这样，这个外人看来无比幸福的家庭里开始不断传出争吵声。

简和雷同样是一对相濡以沫多年的夫妻，简半身瘫痪，雷是一个聋哑人。在外人看来，这真是一对不幸的夫妻，生活必定异常艰难,然而事实却并非如此。这对夫妻生活得相当幸福,彼此身上存在的缺陷使得他们总是一起出行。比如去农贸市场购买一些日用品,骑三轮车的是雷,负责选择货品、谈价钱的是简。可以说,简是雷的嘴,雷是简的腿。正是这种互补的方式促成了二人幸福的生活状态。当然,这也让他们清楚地意识到对方之于自己的珍贵,因此他们从不因某件事情而争执,生活中少了矛盾和争端,彼此配合得极其默契。

  细看上述这两对夫妻,相比于简和雷,安妮和杰夫拥有得天独厚的先天条件,但却将生活过得矛盾频出,盖因面对困难,他们缺少相互配合的心态,做不到互惠互利。相反,简和雷这对夫妻中的任何一个人并不具备什么了不起的本领,然而他们一旦互相配合,就很容易解决生活中的问题,做到互利互惠,生活十分美满。

  所以,在人际关系中,只有把握互惠互利的原则,才能在面对冲突的时候很好地解决问题,从而让沟通深入对方的内心。

  在人际冲突发生时,如何做到坚持互惠互利的原则呢?那就是要坚持既为自己着想,也替他人考虑的原则。小哲是一名演艺经纪人，一次偶然的机会认识了小慧——一家公关公司的主管。小慧不但精通公共关系业务，而且在圈内拥有极好的人脉资源。没过多久，两个人就成了好友。当时小哲正急于为手下的一名青年演员找戏拍。这名演员自身实力不错，不但有俊朗、帅气的外表，而且演技也很好，很有发展潜力。

但他只是崭露头角的新人，若想获得更好的发展，就需要有人为他"包装"和宣传。可是要做到这一点，需要大量的资金，小哲自己做不到。认识小慧后，小哲知道机会来了。当然，小哲也明白，如果自己选择与小慧合作，那么就意味着要牺牲自己的利益。但在利益和业务发展相冲突的情况下，选择互惠互利的合作方式，对自己和他人都好。于是小哲和小慧进行了一次深谈，双方商定合资开一家公司。

就这样，两个人合作后各取所需，互惠互利，既满足了各自的需要，也满足了对方的需要，让双方共同踏上成功之路。

当然了，要达到互惠互利，还要在双方意见无法统一的情况下学会跳出"思维定势"，谋求折中的方案。在利益方面产生争议时，双方应坐下来诚恳协商，必要时不妨都做出一定的让步，从而促成和谐关系的形成，达到互利互惠的结果。

PART 6

让沟通更有黏性

说话切中要点，让对方清楚你的看法，是一种能力；说得圆满得体，让对方自觉反省，是一种智慧。把握好沟通框架，人际沟通更具黏性。

打破常规，意外带来的沟通黏着力

一个聪明的沟通者，往往会采用打破常规的方式来吸引对方的注意，进而让沟通更具黏性。

经常乘坐飞机的朋友都知道，每次飞机起飞前都会播放安全须知，不过倘若让谁说出这些安全须知的具体内容，几乎没几个人可以条分缕析地说清道明。这并不是因为安全须知的内容不重要，而是因为播报的方式太过老套，令人感觉乏味，很难引起乘客的重视。

不过有一次我在坐飞机时却将这些安全须知牢牢地记在了心里。原因就在于，那家航空公司将安全须知用相当俏皮的方式——哑剧表演，展示给乘客。

我清晰地记得，表演者是一男一女两名空乘人员。他们将安全须知的内容活灵活地表演出来，不但肢体语言形象生动，而且表情丰富而夸张。结果这段表演吸引了每一位乘客，引来大家无数掌声。

相同内容的安全须知,一个令乘客漫不经心、昏昏欲睡,一个令乘客精神百倍、高度关注,这是为什么呢?原因就在于表现形式不同。相比于前者的落入俗套,后者的独辟蹊径自然可以吸引无数的目光。

其实,人际沟通也是如此。相同的内容,换一种方式,或许就能吸引对方的注意,使沟通成功一半。

看过电视剧《都挺好》之后,很多人都对主人公苏大强与三个孩子的相处模式耿耿于怀。长子苏明哲对他百依百顺,次子苏明成对他小心呵护,女儿苏明玉则对他口出讥讽。不过让人奇怪的是,凡事只要是苏明玉和苏大强沟通,对方必定言听计从。这是怎么回事儿呢?让我们回顾其中的一个情节。

苏大强因理财被骗,损失了六万元钱而住院。他在医院里不吃不喝,甚至产生了轻生的念头。二儿子苏明成和儿媳朱丽百般劝慰均无效,只能一脸担心地看着他站在病房窗户上,嚷嚷着自己不活了。就在双方僵持不下之际,女儿苏明玉来了。看到这样的场景,她不但不劝苏大强,还说让他赶紧跳,一副毫不在意的样子。她这种漫不经心的态度激怒了苏明成,却让一心寻死的苏大强主动放弃了跳楼的念头,乖乖地回到病床上。

一般情况下，但凡遇到这种寻死之人，人们必定会像剧中的苏明成夫妇一样，百般劝说，而苏明玉却反其道而行之，一不安慰父亲，二不给父亲讲道理，上来就劝他赶紧跳下去，最后还告诉苏大强：这样跳下去就不是赔六万了，可能是六十万。结果这种方式恰恰戳中了苏大强的内心，让他意识到跳楼得不偿失，最终主动放弃。

可以说，苏明玉之所以能让父亲苏大强主动放弃以死相胁的做法，关键就在于她采用了非同寻常的沟通方式，让沟通直抵苏大强的内心，使他的注意力从损失的六万块钱上移开。这种非同寻常的方式也提醒我们，在人际沟通中，要想达到沟通目的，吸引对方注意是首要前提。

美国伊利诺伊大学曾做过一个关于注意力的实验。实验人员请几个穿着黑色或白色衣服的大学生互相传球，同时让一个人扮成大猩猩的样子站在这群人中间。随后，被试者被要求记录下穿白色衣服人的传球次数。最终研究发现，很多被试者专注于记录，都不曾注意到那只混在人群中显得特别突兀的"大猩猩"。这一研究表明，人的注意力是有限的，他只会看到自己想看到的东西。而这就是注意力的选择性。

注意力的选择性是人的一种高级脑认知功能,它会将个体的认知资源集中于特定的刺激或信息源上,同时忽略环境中的其他事物。在现实生活中,我们的大脑每天接受诸多不同类型的信息,有限的注意力不可能一一注意到,于是就会自动地将其认为重要的有选择性地记忆下来。那些被我们有选择性地记忆下来的内容,就是我们的有意记忆;而那些被我们有选择性地忽略的内容,就成了我们的无意记忆。

可以说,正是选择性注意的存在,才保证了个体可以在有限的时间内将有限的心理资源运用于对个体生存具有重要价值的刺激或者事件的加工上。这也正说明保证沟通有效的第一步是吸引对方的注意。

一个人在与他人沟通时,如果不能让沟通对象注意到自己传达出去的信息,那么对方就不会将他所说的内容列入选择性注意中,沟通交流活动实际上就是不成立的,也就更谈不上实现有效沟通了。因此,一个聪明的沟通者往往会首先采取打破常规的方式吸引对方的注意,进而让双方的沟通更具黏性。

具体应该怎么做呢?心理学家用相关研究结果告诉我们,在日常生活中,人们的注意力会在三种情况下得到提升:一是遇到与自身需求有关的刺激，二是打破预期中可能出现的刺激，三是创造变化明显或比较特殊的刺激。因此，在与他人沟通时，我们就要试着利用或创造这三种情境，从而"对症下药"，让沟通直抵对方内心。

方法一：创造与对方需求有关的刺激。

沟通要解决的首要问题就是吸引他人的注意，而"打破常规，制造意外"是引起别人注意最基本的方式。须知，我们的感官已经因为身边一成不变的事物而变得麻木。因此在与他人沟通时，不妨选择一个与对方需求有关的刺激，从而吸引对方的注意，实现有效沟通。

卡尔是一家公司的经理，极其擅长与人沟通。他所在部门每周五下班前一个小时要进行例行的工作总结，卡尔主持的会议总能吸引大家的注意，让大家畅所欲言，解决问题。每次开会前，卡尔都会将本周公司发生的一件事情当作开场白，结果不用他提醒，每个人都会放下手中的事情，专注地听他讲，自然而然地进入会议议程。

在这里，卡尔运用的就是创造与对方需求有关的刺激的方法。作为公司的员工，对于公司发生的重大事情或与自身利益相关的事情必定是极其关注的，而卡尔用这样的事情作为会议的开场白，一方面起到了吸引与会者注意的作用，另一方面也让会议顺理成章地开始。这真可谓吸引大家注意力的好方法。在现实的沟通中，我们不妨把一些小道消息、新闻当作开场白，以达到吸引对方注意的目的。

方法二：打破对方预期中可能出现的刺激。

人的大脑具有预测机制，可以对未来发生的事情进行预测。这样的预测会引导我们做出某些事情或避免某些事情的发生。因此在沟通时要吸引对方的注意，不妨先打破对方预期可能出现的刺激，破坏对方的预测机制。不过要注意的是，所创造的这种意外要为有效沟通服务。

方法三：创造变化明显或比较特殊的刺激。

所谓创造比较明显或比较特殊的刺激，是指于想要沟通的对象来说，这是一种前后变化明显且意义非凡的刺激。这样的刺激能打破对方的心理预期，给对方留下深刻的印象，进而促进双方的沟通。

艾米家楼上搬来了一位新邻居，日夜不停地装修。艾米的先生保罗不堪其扰，上楼与新邻居沟通，结果不但没能达到目的，反而招致女主人玛丽亚的不满。去外地探亲的艾米回到家，得知这一情况，先安抚了保罗，然后去拜访了新邻居。

当艾米敲开玛丽亚家的门时,玛丽亚一脸戒备地看着她。艾米笑着举起了手中的一盒点心,说自己做得有点儿多,想请她一起品尝。玛丽亚的表情放松下来,将艾米请进了家门。艾米边往里走,边向玛丽亚诉说自己这次探亲的心得。等两个人落座时,玛丽亚的态度已经相当平和。接下来,没等艾米开口,玛丽亚就主动说到了自己家装修扰人的事情,并解释了和保罗之间的冲突。最终这个问题得到了很好的解决。

在这里,艾米与玛丽亚沟通的成功就在于创造了变化比较明显的刺激。因为之前有与保罗失败的沟通,玛丽亚原以为艾米是来兴师问罪的,可结果艾米的态度和她想象的截然相反,于是这种变化明显的刺激让她能专注于双方的沟通,从而让问题得到妥善的解决。

由此可见,沟通时试着打破常规,冲破对方的固化思维,创造出一种适宜的沟通环境,可以极好地吸引对方的注意,让沟通更顺畅。

PART 6
让沟通更有黏性

给语言"瘦身",复杂的事情简单说

若想沟通有效,就要学会利用语言,为其主动"瘦身",排除周围的干扰因素。

良好的沟通离不开语言的支持,好的表达能力可以收获好的沟通效果。语言是沟通的基础,直接决定着沟通的成败。人与人的说话方式、说话习惯和说话风格大都不尽相同,沟通的效果自然也就千差万别。有的人一句话就可以化解矛盾、解决问题,有的人则说了一大堆却于事无补。这就提醒我们,要实现有效沟通,就要学会给语言"瘦身",复杂的事情简单说。

吉米和伊芙结婚近十年了,两个人经常因为一些小事发生争执。比如昨天,因为吉米没按照伊芙的安排修剪家中的草坪,伊芙便开始唠叨了起来。最初,吉米还不停地解释,为自己的做法感到抱歉,但伊芙的唠叨依旧没完没了,他便沉默了。

到了晚上,见伊芙还在唠叨,吉米忍无可忍地说:"亲爱的,该休息了吧?"结果换来的却是伊芙更大声的唠叨。此后的两天中,伊芙仍时不时地唠叨,但吉米对此已经"免疫"了,他甚至可以伴着伊芙的唠叨一边吃甜点一边看手机。

心理学家曾做过一个实验:让被试者学习一些单词,如 apple(苹果)、bicycle(自行车)、mouse(老鼠)、ear(耳朵)等,一直到他们随时可以正确无误地回忆起这些单词为止。几天之后,再让这些被试者重新学习这些单词,不过改变了单词的呈现形式,让每个词汇和与之配对的词汇同时出现,如 bicycle(自行车)-roof(屋顶)等,要求被试者同时记忆这两个词汇,直到能正确无误地重复。结果被试者记忆这些单词花费的时间远超前面的实验,甚至会出现记忆混乱的情况。

这是为什么呢?这涉及心理学上所说的适应问题。人所处环境的变化幅度相当大时,人体的适应机制便会让人在变动着的环境中比较容易地进行精细分析,从而作出较准确的反应。适应现象存在于一切感觉中,但是适应的表现和适应的速度在各种感觉中会有所不同。感觉适应就是其中一种。它是由刺激物对感受器持续作用而使感受器的感受性发生变化的现象。我们对语言的接收能力,其实就是听觉适应。

PART 6
让沟通更有黏性

听觉适应是指声音较长时间作用于听觉器官时听觉感受性降低的生理现象。一般来说,在声音停止刺激10到20秒后,听觉器官的感受性就会恢复正常。当听觉器官接受连续几个小时的过强刺激后,它的感受性则会显著降低。意即当一个人过多地倾听到各种各样的信息时,对于其中重要的信息会失去感觉,进而无法抓住重点。

这个实验告诉我们,在进行人际沟通时,如果向对方传达的信息过多,就会喧宾夺主,进而无法实现最初的沟通目的。而在前面的故事中,当伊芙开始不停地唠叨时,她和吉米之间的沟通就已经是无效的了。因为此时伊芙给了吉米过多的多余信息,导致吉米的注意力早已远离,而且他对伊芙的唠叨已经达到了感觉适应程度的极限。

令杰西卡感到无奈的是,自己总是尽全力和主编沟通,但每次两个人的沟通都是无效的。就像昨天,杰西卡拿着一名老作者的稿件去找主编,就几个问题和他沟通。结果还没等她说清自己的来意,主编就被一个电话叫走了。杰西卡既生气又无奈:自己怎么就没办法与主编顺畅沟通呢?事实上,杰西卡和主编无法沟通固然有主编工作忙的原因,但最主要的问题出在杰西卡本人的语言表达上。

有很多同事反映，杰西卡在与别人沟通时无关紧要的话说得太多，别人和她交流了半天仍无法弄清楚她到底想表达什么，导致对方失去了倾听的耐心，最终沟通失败。后来，人力资源部的丽达建议杰西卡为自己的语言"瘦身"，以便让对方尽快了解她的意图。经过一段时间的努力，杰西卡发现自己和他人之间的沟通变得顺畅起来，工作效率也提高了。那么，杰西卡是怎样做的呢？

方法一：打招呼要"瘦身"。

在与他人沟通时，打招呼的过程和话语不要太复杂，可以简单地从"早晨好""下午好"或"你好"这样的问候语入手。如果身处工作环境或事情紧急，千万不要过多地闲聊，不要谈什么天气，更不要谈对方身上的任何物品，以免影响沟通的效果。

方法二：叙述事情要"瘦身"。

所谓叙述事情要"瘦身"，就是在与对方沟通事情（尤其是重要而复杂的事情）时，一定要如同我们写文章一样，遵循提纲挈领法则，而这决定着你要沟通的事情能否在第一时间吸引对方的注意。所以要尽量将沟通的事情用"一、二、三"这样条理清晰的叙述性语言在几秒钟、几分钟的时间里交代清楚。如此一来,对方必定不太容易分心,进而会重视你所说的话,事情的沟通当然就要顺畅得多。

方法三:干扰信息要"瘦身"。

与人沟通,难免会有信息干扰。当需要处理的信息越多时,便越难以吸引他人的注意,其中有用信息的说服力也变弱了。在职场或一些公共场合,干扰因素必然更多。当你正在与对方沟通时突然出现了第三个人,结果你的沟通对象就会被第三个人吸引,那么你的沟通就是在做无用功。怎么办呢?

此时你若想沟通有效,就要学会利用你的语言为周围的干扰因素"瘦身"。最简单的方法就是兴趣吸引。你可以顺着第三个人带来的新话题,用三言两语总结对方的意思,然后再自然地转回到原来的沟通话题上来。

大白话不高级？记住才是关键

人与人沟通，不在于语言是否高级，而在于双方是否"处于同一频道"，自己所说的话对方能否听懂。

《淮南子·人间训》中记载了这样一个故事：

孔子行游，马失，食农夫之稼，野人怒，取马而系之。子贡往说之，卑辞而不能得也。孔子曰："夫以人之所不能听说人，譬以太牢享野兽，以《九韶》乐飞鸟也。予之罪也，非彼人之过也。"乃使马圄往说之。至，见野人曰："子耕于东海，至于西海。吾马之失，安得不食子之苗？"野人大喜，解马而与之。

这个故事是说，有一次孔子出游，拉车的马跑到一块田里吃了人家的庄稼。田主大发脾气，把马捉住拴了起来。子贡前去请求田主放马,说了很多谦恭的话,结果田主不为所动。子贡垂头丧气地回去见老师,将自己要马的经过说了一遍,孔子听后对他说:"用别人听不懂的道理去说服人家放马,这就好像用太牢祭享野兽,以《九韶》古乐去取悦飞鸟。所以马没被放回来,不是田主的责任,是你的过失。"于是孔子就派马夫去讨马。马夫到了田主那里,对他说:"你从未离家到东海之滨耕作,我也不曾到过西方,但两地的庄稼却长得一样,马儿怎么知道那是你的庄稼不该吃呢?"田主一听,十分高兴,就解开系着的马还给了马夫。

为什么好话说尽的子贡没能要回马,而"不会说话"的马夫却能将马要回来呢?原因很简单,因为马夫说的话田主能听懂。

每个人的心理和思维都是不同的,知识分子有知识分子的心理、思维和说话方式,农民有农民的心理、思维和说话方式。前者用自己的思维去考量农民,用自己的说话方式与农民沟通,那么结果必然是摸不准农民的脉,农民听不懂他的话,沟通的目的自然达不到。因此人与人之间沟通,不在于措辞的高级,而在于双方要"处于同一频道",即自己所说的话要让对方听懂。

乔纳森先生患了脑梗,困坐轮椅,无法清晰地表达自己的想法和意愿，因此与之沟通成了一件困难的事情。在家人近乎绝望之时，儿子安迪请来的看护人员却解决了全家的难题。这位其貌不扬的看护者——吉姆之所以能让乔纳森先生心甘情愿地留下他，并不在于他的看护技术有多好，而在于他能理解乔纳森先生的所思所想，并给予恰当的回应。比如乔纳森先生一向畏惧吃药，每次吃药于他而言都是一件极其痛苦的事情，于是每次吃药时，这个小老头儿总是将嘴巴闭得紧紧的。

吉姆并不强迫他吃药，而是轻轻地讲起自己看护过的一位病人，说他原来也很害怕吃药，甚至偷偷将药扔掉，但后来认识到按时吃药、认真锻炼会让自己的情况越来越好，就开始按时吃药，现在情况果真越来越好了。他还郑重其事地拿出手机，让乔纳森先生看自己与那位病人的合影。从那以后，乔纳森先生慢慢开始用心吃药了。

人与人沟通，需要根据沟通对象来选择合适的语言。如果以自己的心理和思维理解不了对方，或者对方以其心理和思维理解不了自己的话，就会产生"沟而不通"的现象，你们的沟通只能是白费唇舌。

如今，随着互联网时代的来临，沟通不仅发生在同一国家的同一民族之间，也发生在同一国家的不同民族之间，甚

PART 6
让沟通更有黏性

至不同国家的不同民族之间。于是由于不同地方的人们说着不同的语言，进而带来了沟通上的困难。而这时就更需要我们用双方都能理解的语言来沟通。

然而，相当多的人在沟通时讲究语言的含蓄美，不愿意将话说得太明白，让对方猜来猜去，结果影响了沟通的效果，达不到沟通的目的。

从心理学的角度来看，所谓含蓄，其本质出自一种博弈心理。此种沟通往往让简单的问题复杂化、模糊化，让对方不得不花费心思和精力猜测你的想法，甚至可能造成许多误会，无形中伤害了人与人之间的关系，加大了每个人的生存成本。

因此，在与他人沟通时，要根据沟通对象的职业与身份将话说明白。须知，人类发明语言就是用来交流沟通的。把话说明白了，才更有利于双方的沟通；反之，含糊的表达会无端带来麻烦和痛苦。

但把话说明白说起来容易，做起来却不易。那么，究竟怎样才能将话说明白呢？

首先，我们在与他人沟通时要切记：要想让他人明白，自己一定要先明白。如果自己都不明白，又怎么可能让他人明白呢？就如你想请对方代买一件物品，但却无法准确地描述物品的外部特征和功能，对方怎么可能帮你正确地买到呢？所以在沟通中，我们首先要清楚自己要表达的内容。

其次，自己明白之后还要站在对方的角度思考如何表达。在人际沟通中，当一个人沉浸于自己的世界时，另一个人一般很难理解其想法，除非双方能换位思考。正所谓"横看成岭侧成峰，远近高低各不同"，看问题的角度不同，理解也不同。所以不妨站在对方的角度，将自己要表达的内容重新梳理一遍再说出来，这样对方更能理解。

再次，表述时要注意叙述的层次。一般来说，在与他人沟通时，陈述事情要先说主干，再说主干有几个分支；将同一层的各个分支全部点明后，再深度展开。这样的叙述方式可以时时提醒对方你们当下所处的位置，从而避免对方无法理解，不能与你的表述同步。

最后，学着用比喻的方法表达。对于那些不易理解的内容，尤其是在表达的内容比较抽象时，不妨试着用对方能理解的打比方的方式来表达。比如当你想告诉对方自己做某事的步骤时，倘若不好理解，不妨类比做菜的顺序来介绍，如此一来就将晦涩难理解的内容浅显化、生活化，对方自然就能明白。

PART 6
让沟通更有黏性

高效沟通源自真诚的态度

人际沟通时，真诚的态度至关重要，因为这样的沟通是一种用心的沟通，是心与心的沟通。

人际交往常常并不像我们所期望的那样总是和谐美好的，其中更多的会掺杂着个人的情感喜好、主观偏见，甚至矛盾冲突。一般来说，我们对于自己喜欢的人，常常以礼相待、用心接纳；反之，对于自己不喜欢的人，或许会毫无耐心，甚至态度极其不友善。

安吉是销售部的金牌业务员，每个人在谈到她的业务能力时几乎都赞叹不已。新来的业务员乔安娜观察了安吉好久，觉得她和公司其他的销售人员一样，并没有什么不同。不过她却在安吉与客户的一次沟通中看到了她的过人之处。

那天，一个顾客进店咨询，说自己想买一种可自由折叠和可调节高度的桌子。于是，安吉将顾客引到一张桌子旁，如实地向顾客介绍，并坦诚地说这种桌子并不怎么好，公司经常接到顾客的退货要求。顾客很奇怪，因为用这种桌子的人很多，而且这种桌子相当实用。于是安吉一边为顾客演示桌子的升降方法，一边告诉顾客：据她所知，这种桌子的确可以升降自如，款式也比较新，但结构上存在问题，如果自己不告诉顾客这一点，那么就等于是在欺骗他。

顾客皱着眉头看着桌子，对于安吉所说的这种桌子结构存在问题有些不太理解。于是安吉走近桌子，用脚去蹬脚踏板，结果桌面突然往上撑起，差点儿撞到了那位顾客的下巴。安吉一边抱歉地对顾客说"不好意思，我不是故意的"，一边告诉顾客，正是由于这种桌子的结构过于复杂，过于精巧，所以反倒不够轻便。顾客看着安吉的演示，不怒反笑，毫不在意地说自己还要仔细看看。安吉耐心地说："没关系，您尽管看，买东西不精心挑选是会吃亏的。"

客人看上去非常开心，最后还出乎意料地表示他就想买下这张桌子，而且要马上取货。在顾客临走前，安吉将自己的名片递给他，告诉他有任何问题都可以打电话找她。顾客高高兴兴地走了。

过后不久，突然有一群人走进这家商店，喊着要看多用桌,一下就买走了几十张桌子,原来他们都是之前那位买桌子的客人介绍来的。就这样,店里做成了一笔很大的买卖。

乔安娜明白了,从某种意义上说,安吉的成功源自她的为人真诚,在于她能为别人着想,能关心他人的利益,进而赢得他人的信赖。

事实上,在人际沟通时,真诚的态度至关重要,因为这样的沟通是一种用心的沟通,是心与心的沟通。

心理学研究表明,人作为具有情感的社会性动物,一些人之所以不能在人际关系中真诚地表达自己,根本原因就是受到心理防御机制的影响,担心自己受到伤害。于是为了避免这一点,一些人在与他人沟通时或摆出一副高高在上的姿态,让自己处于他人须仰视的位置,以此给对方造成一种距离感和压迫感;或习惯于指责对方,挑对方的毛病,继而为对方贴上一些标签,甚至直接批评指责对方,造成一种自己没错,永远是他人在犯错的感觉;或总是不能心平气和,而是借助于某种行为方式将自己的愤怒和不满表达出来。

实际上,以上这三种姿态的背后都折射出人的不正常的心理。总是在人际关系中摆出高高在上姿态的人,其内在自我实际上却相当自卑,这种自卑令其对外部世界的"恶意"

心存恐惧，担心自己无法应对，于是就用看似高不可攀的样子让别人对他敬而远之，以避免在人际关系中受到嘲笑或伤害。

　　但实际上，这种人内心深处充满了对温暖人际关系的渴望，但怯懦的心理让其不敢表达自己真实的内心，不敢表达自己真实的愿望，结果在人际关系中冷了自己，也冷了他人。习惯于指责他人、为他人贴标签的人，无法接受自己内在的某些阴暗的部分，不愿意承认糟糕的人际关系的根源在于自己内在的不完美，不能自我接纳，没勇气坦承自己的过失，只好借助于指责他人以维护"我是正确的""我是对的"这样的心理暗示。无法与他人心平气和沟通的人，他们的潜意识里藏着自己无法面对的冲突，不能接受被拒绝或被抛弃等感受。因为害怕面对这些感受，他们选择停留在这些可能产生的感受上，进而直接用行动来让自己免于承受这些感受。但这种以行动让自己免于在人际关系中受到伤害的人，最终往往会在情绪和情感上伤人伤己。

　　由此可见，前述人际关系中的这三种状态，或许可以让自己免受伤害，但与此同时，也让我们在与他人的沟通中竖起一道高高的围墙，束缚住真实的自我，无法表达自我真实的

PART 6
让沟通更有黏性

愿望,无法倾诉自己的情感,无法让自我流动起来。结果自然无法建立良好的人际关系,更谈不上让沟通直抵人心。

因此,与其构筑不同类型的防御机制,企图为自己建造一个安全岛或无人区,从而让自己无法体验生命中的温暖和光亮,不如放下防御心理,真实地表达自己,诉说自己的内在情感,由此在人际沟通中用真诚赢得信任、尊重和理解,进而让沟通顺畅,让自己享受幸福人生。

用暗示主动引领沟通的方向

人际沟通中语言暗示的力量是巨大的。正是这种暗示的力量,增强了语言的说服力,进而增强沟通的效果。

真诚的沟通离不开有效的表达,而有效的表达不但可以拉近人与人之间的距离,还可以增强沟通的效果,促进沟通成功。提到水木年华这个音乐组合,相信很多人都比较熟悉。这个由清华大学的李健和卢庚戌创立的组合,不但以歌声打动了人们,也以他们背后耀眼的清华之光吸引了相当多的人。尤其是歌手李健,不仅才华横溢,还是一位深谙沟通艺术的人,在音乐圈里有着很好的人缘。

2008年,歌手张杰想请李健为自己写歌,但李健一直没有回应。2017年,张杰和李健受邀参加了同一档节目,张杰便提到了当年要李健为自己写歌的事情,言下之意是李健直到现在还没有给个回应。结果李健说,自己认为张杰的声音变高了,倘若当初自己给他写歌,就会委屈他。而且他表示,

PART 6
让沟通更有黏性

张杰的声音还会更高,所以自己可以再等等。

这段话不但赞美了张杰在音乐领域的进步,而且还委婉地表达了自己的拒绝之意,让自己的拒绝极其委婉而富说服力。

意识和潜意识是心理学经常提到的两个词语。其中意识是我们可以感受到的思想,潜意识是我们无法触摸的内心深处的想法。心理学家认为,在一般情况下,潜意识是控制一个人长期行为的根本。人类语言本身就是意识的外显,其背后的秘密就是潜意识影响下的暗示的力量。

心理学研究表明,潜意识会在沟通的过程中植入我们的要求和暗示,进而让对方在不知不觉中受到自己的影响。心理学上著名的罗森塔尔效应就证明了语言暗示的力量。

心理学家罗森塔尔教授来到一所普通中学,随意在一个班里走了一圈后,将几个学生的名字圈了出来,然后又随意地挑了几个老师。他对这几个老师说,自己挑的这几个学生智商很高,很聪明。然后他又对校长说,自己挑的这几个老师能力强,智商超群。随后他就离开了。

一段时间过后,当罗森塔尔教授重回这所中学时,奇迹发生了。那几个被他挑选出来的学生如今成了班上的佼佼者,那几位老师则成了学校的骨干教师。原来那几位老师在接受到罗森塔尔教授给出的"这几个学生智商很高"的信息后，开始对这几个学生作出积极的评价，寄予较高的期望。这无形中给了这几个学生良性的心理暗示，使他们对自己的能力有了信心，从而增强学习动力，成绩自然就上升了。而接收到"这几个老师能力强，智商超群"的信息后，校长对这几位老师的信心倍增，经常表扬这几位老师，于是这几位老师的自信心提高了，能力有很大的提升。

由此可见，人际沟通中语言暗示的力量是巨大的。正是这种暗示的力量，增强了语言的说服力，进而增强了沟通的效果。那么，我们在人际沟通中应该如何发挥语言暗示的力量，促成沟通的成功呢？

学会科学地使用语言，巧用关键词，这是提升语言说服力的首要原则。研究表明，同样的表达内容，信息排列组合的方式不同，表述的结果也不同。关于这一点，剑桥大学心理学教授萨托·埃尔文曾用一个实验加以证明。他故意在众多学生排队等着使用打印机的时候，请一个人到队伍的前面对大家说："很抱歉，各位能让我先打印吗？我赶时间。"结果差不多有六成的人同意他插队排到自己前面。接下来，这个人换了一种表述方式："很抱歉，能让我先来吗？因为我需

PART 6
让沟通更有黏性

要打印好几份文件,这些文件急着要用。"结果九成以上的人都同意让他先打印。

分析这一实验,我们会发现,后一种表达之所以获得更多人表示同意的回应,就在于这个人运用了"因为"这个关键词,触发了很多学生的潜意识反应,满足了人们渴望得到解释的心理倾向,于是他们的潜意识会告诉他们:"这个人这样做事出有因,应该答应他的请求。"于是人们就会下意识地答应他的请求。

由此可见,当我们企图说服对方时,就算给出的理由很牵强,甚至毫无意义,倘若你用了"因为"一词,它还是可以带来积极的回答。可见,这是一个极好的提升语言说服力的技巧。

让"因为"后面的理由充分起来,这是增强语言说服力的第二个原则。因为只有理由充分,才能更有说服力;反之,如果理由不够充分,就很难说服他人。很多人之所以在沟通中无法说服对方,原因就在于给出的理由不够充分或不够动人。

玛丽是一名电影明星,她将自己的生活和工作分得特别清楚,尤其不希望因为自己的工作而影响了家人,特别是她两个年幼的孩子。或许正是她的这个原则激起了很多粉丝的好奇心，于是众多记者不停地追问她，了解她家人的情况。

在一次访谈节目中，主持人追问玛丽孩子的情况，玛丽利用人们保护孩子的心理，对主持人说："大家都了解小孩子的天性，也许你们自己就有小孩子。你肯定知道，他们这么小就出风头并不是一件好事。"

可以说，玛丽的拒绝相当高明。她选择了一个极其合理的理由——保护孩子，让人无法拒绝。一般来说，只要你的动机足够高尚，理由足够动人，你就可以说服任何人。因为，在这个世界上，从来没有人会拒绝高尚、动人的理由。

因此，要想提升人际沟通中语言的说服力，就要尽可能让自己的理由变得更动听，如此一来，你在说服他人的道路上就会无往不利，因为理由才是真正能说服人的关键。

当然了，倘若你想获得他人的帮助，你同样要给出充分的让对方帮助你的理由。那么你就要想：对方凭什么会帮助我？而实际上，别人之所以肯帮助你，或许是看在你个人的面子上，或许就是你给出了足以说服他的理由。因此你在排列组合语言信息时，一定要多想一想：你说服对方的依据是

PART 6
让沟通更有黏性

什么？你的理由当真具有说服力吗？怎样才能让自己所说的话更有说服力？切记，这些才是正在与你沟通的人最关注的内容。

让沟通直抵人心的六条路径

别话痨，言多必失

人际沟通随处可见，只要稍加留意，我们就会发现，很多的人际沟通问题都是由于沟通者的"话痨病"而引发的。

生活中，"少说一句会憋死"的"话痨"很多，他们的兴趣似乎就在于多说一句话来挑战对方忍耐的极限。

杰克就是一个典型的"话痨"。每逢假日，他必然要呼朋唤友，组织聚会。这个星期天，杰克约了亲朋一起烤肉。

聚会的气氛很好，大人们坐在一起谈天说地，孩子们则在用各自喜欢的方式玩耍着。聊着聊着，话题就转到了最近的就业形势上。杰克开口就问表兄迈克工作找得怎样了，并声称自己朋友的公司最近在招人，如果迈克的工作还没着落，他可以推荐迈克过去。他还说薪水肯定低不了。这对于正处于失业状态的迈克来说的确是一个好消息。

随后杰克给朋友打电话，约对方一起吃晚餐。晚餐时，他提出了帮表兄迈克找工作的问题。朋友一脸为难地说，公

PART 6
让沟通更有黏性

司的确在招人,但这次招聘限专业,并不怎么适合迈克。杰克傻了眼,回到家中将此事告诉了妻子朱丽。

朱丽也觉得没办法,催着杰克把实情告诉迈克,以免对方惦念着。于是杰克打电话将这个算不上好的消息告诉了迈克。他在电话中大谈迈克所学专业如何不好,还分析这个专业未来的就业前景也不太乐观,总之说了很多让迈克难以接受的话。一旁的朱丽听得脸都绿了,最终强行将他的电话挂了。

这件事之后,迈克一家再也没有参加过杰克组织的家庭聚会。杰克感到莫名其妙,朱丽生气地告诉他,饭可以多吃,话不能乱说。就是因为他话太多,伤到了迈克的自尊心。

现实生活中,太多的人存在杰克这样的问题。他们为人热情,好为人师,一旦与人交流,就喜欢长篇大论,谈论人事,结果这种随心所欲的谈论往往给沟通造成了障碍,破坏了人际关系。

何为话痨?是什么原因造成的呢?很多人在与他人交流时喜欢说个不停,不吐不快,这就是人们俗称的"话痨"。心理学家研究发现,有的人之所以变成"话痨"与以下三种情况有关。

第一种是心直口快。有这种个性的人不懂得察言观色，有些话就会不经思考地说出来，而自己却并不觉得有何不妥之处。这样的人在内心深处总认为自己有过人之处，于是在与他人沟通时经常喜欢卖弄自己，结果就会在无意间伤害他人。

第二种是有些人觉得在话题结束之前多说一句心里踏实，会让自己内心舒服一些。

第三种是有的人为了增强存在感，要成为大众眼中的焦点，因此就努力想通过言语拉拢身边的人。

人际沟通随处可见，而说话对象或是自己的好友，或是自己的同事，或是素不相识的陌生人。稍加留意，我们就会发现，很多时候，正是由于沟通中话痨现象的存在而引发了沟通障碍。

那么如何避免成为话痨，保持人际沟通的顺畅与和谐呢？笔者认为，不妨从以下几方面入手。

首先，要在人际沟通中找准自己的定位。人贵有自知之明，人只有自知才能明理，才能成为人际沟通中的明理者和受欢迎者。为此，在人际沟通中，一方面要明确自己沟通的目的，做到知人知己，既清楚他人的想法，也让他人清楚自己的思想，然后正确地组织语言，在把握沟通中心思想的前提下讲清楚问题的来龙去脉，说出自己的想法。

其次，要学会倾听和适时沉默。无论是两人交谈还是多人交谈，我们必须清楚地认识到，这并不是自己个人的活动，而是集体性的活动，因此要注意倾听他人的想法，而不是一味地一个人说个不停，因为没人喜欢一个喋喋不休的人。只有学会适时沉默，耐心倾听的人，会获得他人的尊重，才能与他人进行良好的互动。

宾哥前几天过生日，三五个好友便聚在一起为他庆祝。兴致正浓之际，宾哥的爸爸也到家里给他送生日礼物，但令人感到意外的是，宾哥的态度极其冷漠，最后甚至直接将爸爸轰了出去。宾哥的爸爸一走，几个朋友就忍不住七嘴八舌地劝宾哥，其中以阿猛的话最多，什么"父子关系再不好，他终归也是你的爸爸啊""你是做儿子的，不该对他这么没礼貌""有什么问题多和他沟通""血浓于水"……最后，宾哥一怒之下甩手而去。其实这些人不知道的是，宾哥的父母在他很小的时候就离婚了，他父亲曾严重地伤害过他。如今父亲年纪大了，开始想从他这里讨要亲情。而朋友们所谓的好言相劝，却对宾哥造成了二次伤害。

所以，我们在与他人沟通时，如果不清楚问题的真相，不妨静下心来给对方思考的时间，同时整理好自己的思绪。只有有礼有节地了解情况，学会耐心倾听对方的诉说，才能让沟通良性进行下去。

再次，人际沟通是信息的交流、感情的互动，但绝不是议论他人的集会。在人际沟通中，要注意闲谈莫论是非。很多人在谈正事的时候没多少话，可一谈到东家长西家短就话多了起来。对他们来说，在背后议论他人长短是一件极其享受的事情，他们会争相品评他人的对错和过失。殊不知这样的举动并非君子之举，而这样的话痨反而更见出其人格的"小"来。所以无论何时都不要私下谈论他人，更不要在他人谈论时插话补充，以免导致言多语失的后果，影响人际沟通。

PART 6
让沟通更有黏性

利用"场合效应"提升沟通效果

在与他人沟通时一定要注意所在场合的影响,有意识地巧妙利用"场合效应"增强沟通效果。

春节快到了,朋友朱朱打电话向我诉苦。我细细一听,发现朱朱所述真是一件颇为发人深思的事情。

朱朱单位的一个编辑因为家是外地的,想提前回家过年,于是找朱朱请假。朱朱考虑到她难得回家一趟,平时工作也很辛苦,尽管手边的工作比较多,还是同意了她的请假要求,但前提是由她自己想办法协调,不能影响工作的正常进行。当然了,这个编辑明白了朱朱的言外之意,随后就找同事商量去了。

第二天,这个编辑找到朱朱,说自己找了同组的编辑,结果对方不同意。朱朱感到特别惊讶,因为在她看来,这两位编辑一起负责项目很久了,关系还是不错的,只是在过节前这几天多辛苦辛苦,按理说是可以通融一下的。要知道,每个人都会有遇到困难的时候，关键时刻搭把手有什么不可以呢？于是朱朱半开玩笑地说："不同意？这说明你们的关系不到位呀。"结果没想到的是，没过多久，另一个编辑就找到朱朱办公室，指责朱朱。原来请假的编辑把朱朱的话告诉了这个编辑，说对方之所以不帮助她，是由于两个人关系不好。朱朱感到无奈，也感到委屈。

我听了朱朱的话，觉得真是既好气又好笑。按说她也算是一位职场精英了，怎么会因为这样的事情惹自己生气呢？不过细想一下，这件事情还真不是人家编辑的错，问题出在朱朱的身上。正是由于她在说话时没经过思考，不看说话的对象，结果人家没听懂她的意思，没能正确领会她的意图。俗话说得好——"到什么山上唱什么歌，遇什么人说什么话"，在人际沟通中，与他人沟通时切不可不经过大脑思考脱口而出。

在很多时候，倘若我们在说话的时候不经过大脑思考，让一些话脱口而出，轻则令人生厌，重则得罪人，影响与他人的关系。在人际交往中要做一个受人欢迎的人，说话时就应该注意场合。

何为场合？在这里，所谓场合，就是指谈话的社会环境、自然环境和具体场景。具体场景又涉及谈话的时间、空间及周围环境。它们虽然无言，却参与并影响着人们的言语交际。

心理学研究证明，外部环境对说话的影响取决于其对交际者心态及情绪的折射。场合不同，氛围不同，人的心情就不同，人对一些问题的心理感受和理解程度也不同。同样一句话，在不同的场合说效果会不同：在某些场合是合理的、有见解的，在某些场合则会被视为不得体的、令人生厌的。

看过一个故事，讲的是一个人请了几位朋友来家中做客，结果约定的时间过了很久了，有一个朋友还没到，于是主人着急地自言自语道："为什么该来的客人还不来呀？"巧的是这话被其中的一位朋友听到了，他想：原来自己是不该来的呀！于是他悄悄地走了。主人看到又少了一位客人，于是更加着急，脱口而出："怎么这不该走的又走了呢？"其余的朋友听了，心想：如果走了的是不该走的，那么是不是我们这几个人是应该走的呢？结果余下的人也纷纷告辞。

心理学研究表明，环境和语言会影响人的心理。在人际沟通中，谈话双方对于话题的选择与理解、某个观念的形成与改变、谈话的心理反应以及交谈的结果，无不与谈话的场合有直接联系。如果说话不注意场合，那么就会令对方心里不舒服。因此在人际沟通中一定要注意场合的影响，有意识地巧妙利用"场合效应"增强沟通效果。

其实那些所谓人缘好的人,通常都会根据所处场合说话,利用场合效应增强沟通的效果。不妨观察一下这些人,他们就算是身处陌生的环境,也能一开口就将周围人的情绪调动起来,进而赢得他人的喜欢。实际上,他们就是利用心理学上的亲和效应打造了自己的好人缘。

所谓亲和效应是指,为了达到顺畅沟通的效果,在沟通者的身上寻找到双方的共同点,使之产生"自己人"的感觉,进而更易接近对方。这种相互接近一般会令交往双方萌生亲切感,拉近彼此间的距离。

在现实生活中,人总是在一定的时间、一定的地点、一定的条件下生活,在不同的场合,面对不同的人和不同的事,从不同的目的出发,就应该用不同的方式说不同的话,如此方能收获理想的沟通效果。倘若一个人不看场合说话,就极易伤人伤己。

须知,由于受特定人际关系和不同场合心理活动的制约,有些话只能在某些特定的场合说,换一个场合就不行了。同样一句话,在这里说和在那里说会有不同的效果。因此,在人际交往中,说话时一定要注意说什么、怎么说,要顾及说话的场合、环境。倘若一个人说话过于随便，不顾及场合，过于心直口快，那么不但自己会难堪，甚至还会伤害到他人。俗语"一句话把人说笑，一句话把人说跳"说的就是这个道理。那么，如何做到"上什么山唱什么歌"呢？

首先要培养自己的场合意识。有场合意识，才会懂得在不同场合对说话内容和方式做出特定限制和要求，时时不忘看场合说话。比如去他人家里做客，就要对主人的邀请表示感谢，称赞主人准备的菜肴精美、丰盛、可口，并根据实际情况称赞主人的室内布置别出心裁、孩子乖巧聪明。

其次要注意遵循不同场合说话的原则。从人际沟通心理角度来说，说话的场合可以分为以下几种。

一是自己人场合和外边人场合。于自己人而言，说话时可以无所顾忌，甚至可以说些放肆的话；但如果是外边人的场合，则要话到舌边留半句，做到有礼有节。

二是正式场合和非正式场合。在前者，说话要严肃认真，事前一定要有所准备，不能过于随意。在后者，则可随便一些，如聊家常，这样便于情感交流。现实生活中，有一些人在与他人沟通时，或说话味同嚼蜡，或说话俗不可耐，或说话文绉绉，原因就在于没能遵循在这两种场合说话的原则。

三是庄重的场合与随便的场合。在庄重的场合，说话要保持重视对方的态度；而在随便的场合，说话则要显得轻松，以便减轻对方的负担。切忌将两种场合的说话方式颠倒，否则会影响对方的心情，给对方造成心理负担。

总之，要想在人际沟通中打动人心，就要注意做一个能根据所在场合选择合适方式说话的人，懂得哪些话该说、哪些话不能说。这就需要将他人看在眼里、放在心上，最终用言语打动对方，让对方在不知不觉间喜欢上你，愿意与你沟通。